The
VOCA⁺
BULARY

완전 개정판

3

The VOCA+BULARY 완전 개정판 3

지은이 넥서스영어교육연구소
펴낸이 임상진
펴낸곳 (주)넥서스

출판신고 1992년 4월 3일 제311-2002-2호 2-16
10880 경기도 파주시 지목로 5
Tel (02)330-5500 Fax (02)330-5555

ISBN 978-89-98454-36-4 54740
　　　978-89-98454-33-3 (SET)

www.nexusEDU.kr

The VOCA^{PLUS}
BULARY

완전 개정판

3

넥서스영어교육연구소 지음

NEXUS Edu

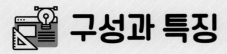

구성과 특징

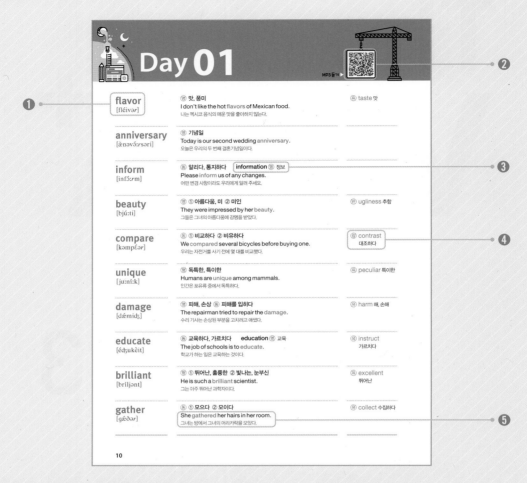

❶ **학년별로 꼭 알아야 하는 교육부 권장 표제어**
Day마다 20개의 단어를 학습하며 30일 동안 완벽하게 끝내는 필수 어휘

❷ **생생한 단어 MP3 듣기용 QR 코드**
내 폰으로 바로 스캔만 하면 원어민의 목소리가 귀에 쏙쏙 들어와 암기력 강화

❸ **문어발도 부럽지 않은 완전 확장 어휘**
표제어와 함께 암기하는 명사, 동사, 형용사, 부사 등의 핵심 파생어까지 학습

❹ **학교 내신까지 확실하게 대비하는 유의어/반의어/참고 어휘**
뜻이 비슷하거나 반대의 단어와 그 밖에 꼭 알아야 할 단어도 가뿐하게 암기

❺ **표제어 핵심 뜻을 문장에서 확인하는 실용 예문**
표제어의 핵심 뜻을 적용한 예문을 제시하여 문장 속에서 어휘 쓰임 확인

일러두기

명 명사　　대 대명사　　동 동사　　형 형용사　　부 부사

전 전치사　　접 접속사　　복 복수형

유 유의어　　반 반의어　　참 참고 어휘

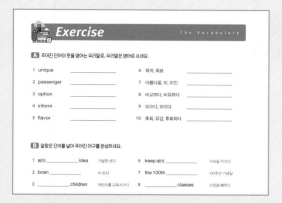

Exercise

Day별 학습이 끝나고 꼭 풀어야 할 1차 복습 확인 문제,
틀린 문제는 이 단계에서 바로 꼼꼼히 암기

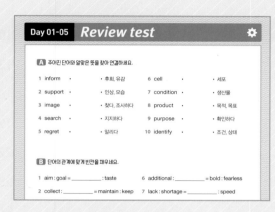

Review Test

Day 학습이 5개씩 끝날 때마다 만날 수 있는 총정리 문제,
내신 대비를 위한 확실한 마무리

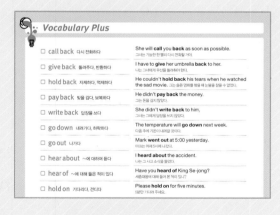

Vocabulary Plus

단어장 속의 단어장, 내신과 각종 영어 시험 대비를 위한
비법 어휘 60개

온라인 VOCA TEST

교재 학습이 끝났다면 이제 온라인으로 마지막 복습
책에 등장하지 않은 문제를 추가로 풀어보는 온라인 테스트
(www.nexusEDU.kr)

단어 MP3 듣기 파일

교재 QR 코드를 스캔하거나 홈페이지(www.nexusbook.com)에 접속해서 무료 다운로드

🎤 목차

| Chapter 01

| Chapter 02

| Chapter 03

| Chapter 04

Chapter 01

Day 01
~
Day 05

Day 01

flavor
[fléivər]

몡 맛, 풍미
I don't like the hot flavors of Mexican food.
나는 멕시코 음식의 매운 맛을 좋아하지 않는다.

유 taste 맛

---

anniversary
[æ̀nəvə́:rsəri]

몡 기념일
Today is our second wedding anniversary.
오늘은 우리의 두 번째 결혼기념일이다.

---

inform
[infɔ́:rm]

동 알리다, 통지하다   information 몡 정보
Please inform us of any changes.
어떤 변경 사항이라도 우리에게 알려 주세요.

---

beauty
[bjú:ti]

몡 ① 아름다움, 미 ② 미인
They were impressed by her beauty.
그들은 그녀의 아름다움에 감명을 받았다.

반 ugliness 추함

---

compare
[kəmpɛ́ər]

동 ① 비교하다 ② 비유하다
We compared several bicycles before buying one.
우리는 자전거를 사기 전에 몇 대를 비교했다.

참 contrast
대조하다

---

unique
[ju:ní:k]

형 독특한, 특이한
Humans are unique among mammals.
인간은 포유류 중에서 독특하다.

유 peculiar 특이한

---

damage
[dǽmidʒ]

몡 피해, 손상 동 피해를 입히다
The repairman tried to repair the damage.
수리 기사는 손상된 부분을 고치려고 애썼다.

유 harm 해, 손해

---

educate
[édʒukèit]

동 교육하다, 가르치다   education 몡 교육
The job of schools is to educate.
학교가 하는 일은 교육하는 것이다.

유 instruct
가르치다

---

brilliant
[bríljənt]

형 ① 뛰어난, 훌륭한 ② 빛나는, 눈부신
He is such a brilliant scientist.
그는 아주 뛰어난 과학자이다.

유 excellent
뛰어난

---

gather
[gǽðər]

동 ① 모으다 ② 모이다
She gathered her hairs in her room.
그녀는 방에서 그녀의 머리카락을 모았다.

유 collect 수집하다

---

major
[méidʒər]

⬥ 주요한, 중요한 ⬥ ① 소령 ② 전공
My major is economics. 나의 전공은 경제학이다.

⬥ minor 사소한

---

option
[ápʃən]

⬥ 선택, 선택권
You have three different options to choose from.
당신은 선택할 수 있는 옵션이 3가지 있다.

⬥ choice
선택, 결정

---

control
[kəntróul]

⬥ ① 지배하다, 통제하다 ② 조절하다, 조정하다 ⬥ 지배, 통제
The police controlled the crowd.
경찰이 군중들을 통제했다.

---

promise
[prámis]

⬥ 약속 ⬥ 약속하다
Promise me you'll be home before 9:00 p.m.
밤 9시 전까지 집에 오겠다고 약속해 주세요.

---

handle
[hǽndl]

⬥ 처리하다, 다루다 ⬥ 손잡이, 자루
You handled that really well.
당신은 그것을 정말 잘 처리했다.

⬥ deal with
처리하다

---

aim
[eim]

⬥ 목적, 목표
My aim is to be a good father.
내 목표는 좋은 아빠가 되는 것이다.

⬥ goal 목적, 목표

---

regret
[rigrét]

⬥ 후회, 유감 ⬥ 후회하다
I don't regret moving to Seoul.
나는 서울로 이사한 것을 후회하지 않는다.

---

skip
[skip]

⬥ ① 가볍게 뛰다 ② 건너뛰다, 생략하다
It's not a good idea to skip breakfast.
아침을 거르는 것은 좋은 생각이 아니다.

---

passenger
[pǽsəndʒər]

⬥ 승객, 탑승객
There were five passengers in the car.
차에는 다섯 명의 승객이 있었다.

---

successful
[səksésfəl]

⬥ 성공한, 성공적인 　success ⬥ 성공
Chris is one of the most successful architects.
크리스는 가장 성공한 건축가 중 한 명이다.

⬥ unsuccessful
실패한

A 주어진 단어의 뜻을 영어는 우리말로, 우리말은 영어로 쓰세요.

1 unique _____
2 passenger _____
3 option _____
4 inform _____
5 flavor _____

6 목적, 목표 _____
7 아름다움, 미, 미인 _____
8 비교하다, 비유하다 _____
9 모으다, 모이다 _____
10 후회, 유감, 후회하다 _____

B 알맞은 단어를 넣어 주어진 어구를 완성하세요.

1 a(n) _____ idea   기발한 생각
2 brain _____   뇌 손상
3 _____ children   어린이를 교육시키다
4 _____ a problem   문제를 다루다
5 a(n) _____ topic   주요 주제

6 keep a(n) _____   약속을 지키다
7 the 100th _____   100주년 기념일
8 _____ classes   수업을 빼먹다
9 a(n) _____ businessman   성공한 사업가
10 _____ my anger   화를 다스리다

C 알맞은 단어를 골라 문장을 완성하세요.

1 No one likes to be (compared / educated).   비교당하기 좋아하는 사람은 아무도 없다.
2 What is your favorite (aim / flavor)?   네가 가장 좋아하는 맛은 무엇이니?
3 The storm caused a lot of (damage / regret).   그 폭풍은 많은 피해를 입혔다.
4 There were a lot of (options / passengers) on the train.   열차에는 승객들이 많았다.
5 I (regret / handle) not watching the movie.   나는 그 영화를 안 봤던 것을 후회한다.

정답 p.118 ➡

Day 02

MP3 듣기 ▶

gun [gʌn]	몡 총, 총포 The police officers carry guns. 경찰은 총을 소지한다.	참 sword 검, 칼
extra [ékstrə]	휑 여분의, 추가의 We need extra rooms for guests. 손님들을 위해 여분의 방이 필요하다.	유 additional 부가적인
wrist [rist]	몡 손목 I sprained my wrist playing tennis. 나는 테니스를 치다가 손목을 삐었다.	참 ankle 발목
angle [ǽŋgl]	몡 ① 각, 각도 ② 관점, 입장 They considered the question from all angles. 그들은 모든 관점에서 그 문제를 고려했다.	유 view 견해, 관점
register [rédʒistər]	동 ① 등록하다 ② 기록하다 She registered the birth of her child. 그녀는 아이의 출생을 등록했다.	유 record 기록하다
award [əwɔ́ːrd]	몡 상, 상품, 상금 동 수여하다 Our team was awarded a gold medal. 우리 팀이 금메달을 받았다.	
career [kəríər]	몡 ① 경력 ② 직업 Choosing a career can be very difficult. 직업을 선택하는 것은 매우 어려울 수 있다.	유 job 일, 직업
heal [hiːl]	동 치료하다, 치유되다 She needed some time to heal. 그녀는 치료되는 데 시간이 좀 필요했다.	유 cure 치료하다
powerful [páuərfəl]	휑 ① 강력한 ② 영향력 있는 Professor Evans has a powerful voice. 에반스 교수님은 강력한 목소리를 갖고 있다.	유 influential 영향력이 큰
congratulation [kəngrǽtʃəléiʃən]	몡 축하, 경축 I sent him a letter of congratulations. 나는 그에게 축하 편지를 보냈다.	유 celebration 축하

danger
[déindʒər]

명 위험   **dangerous** 형 위험한
This man has faced danger many times.
이 남자는 여러 번 위험에 직면했었다.

유 hazard
위험, 모험

---

effect
[ifékt]

명 ① 영향 ② 결과, 효과   **effective** 형 효과적인
The movie can have bad effects on teenagers.
그 영화는 십 대들에게 나쁜 영향을 미칠 수 있다.

반 cause 원인

---

familiar
[fəmíljər]

형 익숙한, 친숙한
The name Harry is familiar to us.
해리라는 이름은 우리에게 친숙하다.

반 unfamiliar 낯선

---

image
[ímidʒ]

명 ① 이미지, 인상 ② 모양, 모습
The mayor is trying to improve his image.
시장은 그의 이미지를 향상시키려고 애쓰고 있다.

유 form 모양, 형태

---

support
[səpɔ́:rt]

동 ① 지지하다 ② 지원하다 ③ 지탱하다 명 ① 버팀 ② 부양, 지원
My father supports my decision to be a pianist.
아버지는 피아니스트가 되겠다는 나의 결정을 지지하신다.

유 sustain
지지하다

---

attach
[ətǽtʃ]

동 ① 부착하다, 붙이다 ② 첨부하다
He attached the file to the e-mail.
그는 이메일에 파일을 첨부했다.

반 detach
떼어 내다

---

laboratory
[lǽbrətɔ̀:ri]

명 연구실, 실험실
This is our new research laboratory.
이곳이 우리의 새 연구실이다.

---

maintain
[meintéin]

동 ① 유지하다 ② 주장하다
It is hard to maintain a healthy weight.
건강한 체중을 유지하는 것은 어렵다.

유 keep 유지하다

---

necessary
[nésəsèri]

형 필요한, 필수적인   **necessity** 명 필요(성)
It is necessary to wear a suit in the building.
건물 안에서 정장을 입는 것은 필수이다.

유 essential
필수적인

---

ban
[bæn]

명 금지(령) 동 금지하다
The city has banned smoking in all public places.
시는 모든 공공장소에서의 흡연을 금지했다.

반 allow 허용하다

Exercise

A 주어진 단어의 뜻을 영어는 우리말로, 우리말은 영어로 쓰세요.

1 wrist   _____

2 laboratory   _____

3 heal   _____

4 familiar   _____

5 effect   _____

6 부착하다, 붙이다   _____

7 금지(령), 금지하다   _____

8 경력, 직업   _____

9 축하, 경축   _____

10 등록하다, 기록하다   _____

B 알맞은 단어를 넣어 주어진 어구를 완성하세요.

1 _____ my family   가족을 부양하다

2 a(n) _____ country   강대국

3 a(n) _____ evil   필요악

4 _____ a good relationship   좋은 관계를 유지하다

5 improve my _____   이미지를 개선하다

6 fire a(n) _____   총을 발사하다

7 _____ costs   추가 비용

8 in the face of _____   위험에 직면하여

9 _____ a prize   상을 수여하다

10 from a different _____   다른 관점에서

C 알맞은 단어를 골라 문장을 완성하세요.

1 The school has (healed / banned) the use of cell phones.   그 학교에서는 휴대 전화 사용하는 것을 금지했다.

2 (Supports / Congratulations) on your graduation.   졸업 축하해.

3 He looks very (familiar / danger) to me.   나는 그의 얼굴이 낯익다.

4 Terry is working in the (laboratory / career).   테리는 실험실에서 일하는 중이다.

5 Please (maintain / attach) your photo to the form.   양식에 사진을 부착하세요.

정답 p.118 ⇒

Day 03

MP3 듣기 ▶

chapter
[tʃǽptər]

명 (책의) 장, 챕터
Please read Chapter 2 of your textbook.
교과서의 두 번째 챕터를 읽으세요.

---

dig
[dig]

동 파다, 발굴하다 (dig - dug - dug)
A dog is digging a hole in the garden.
개 한 마리가 마당에서 구덩이를 파고 있다.

---

audience
[ɔ́ːdiəns]

명 관객, 청중
The series attracted an audience of more than 100,000.
그 시리즈는 10만 명 이상의 관객을 모았다.

유 spectator
관중, 관객

---

highly
[háili]

부 대단히, 매우
They are highly dangerous chemicals.
그것들은 매우 위험한 화학물질이다.

유 very 아주, 매우

---

balance
[bǽləns]

명 조화, 균형
He can maintain his balance on a rope.
그는 줄 위에서 균형을 유지할 수 있다.

---

cell
[sel]

명 ① 세포 ② 전지 ③ 작은 방
The doctors discovered the dangerous cells.
의사들이 그 위험한 세포를 발견했다.

---

manage
[mǽnidʒ]

동 ① 관리하다, 운영하다 ② 다루다, 조정하다
manager 명 매니저, 관리인
I can manage my own finances. 나는 내 재정을 관리할 수 있다.

---

death
[deθ]

명 죽음, 사망
The number of deaths from cancer is rising.
암으로 인한 사망자 수가 증가하고 있다.

반 birth 탄생, 출생

---

dizzy
[dízi]

형 어지러운, 현기증 나는
He is feeling a bit dizzy.
그는 조금 어지러움을 느꼈다.

---

effort
[éfərt]

명 노력, 수고
It was worth the effort.
노력할 만했다.

유 endeavor
노력, 시도

---

fear
[fiər]

몡 ① 공포, 두려움 ② 근심, 걱정　　fearful 휑 무서운, 두려워하는
She was shaking with fear.
그녀는 두려움으로 떨고 있었다.

gain
[gein]

동 얻다, 획득하다
I have gained a lot of weight this summer.
나는 이번 여름에 살이 많이 쪘다.

윤 acquire
획득하다

vote
[vout]

몡 ① 표, 투표 ② 선거권 동 투표하다
They are going to vote for Mr. Lee.
그들은 이 씨에게 투표를 할 것이다.

참 election 선거

available
[əvéiləbl]

휑 ① 이용할 수 있는 ② 시간이 있는
The information is available on the Internet.
그 정보는 인터넷에서 이용할 수 있다.

반 unavailable
이용할 수 없는

link
[liŋk]

몡 ① 연결 ② 관련 동 연결하다
People's body and emotion are linked.
사람들의 신체와 감정은 연결되어 있다.

윤 connect
연결하다

native
[néitiv]

휑 ① 태어난 ② 타고난 몡 원주민, 현지인
They are all native to Denmark.
그들은 모두 덴마크에서 태어났다.

object
[ábdʒikt]

몡 ① 물건 ② 목적, 목표
There were seven objects in his bag.
그의 가방에는 일곱 가지 물건이 있었다.

윤 item 물품

search
[səːrtʃ]

동 찾다, 조사하다 몡 조사, 탐색
We searched for illegal weapons.
우리는 불법 무기들을 조사했다.

윤 investigate
조사하다

rope
[roup]

몡 로프, 밧줄
He used rope to tie the carts.
그는 수레들을 묶는 데 밧줄을 이용했다.

윤 string
끈, 줄

position
[pəzíʃən]

몡 ① 위치, 장소 ② 입장 ③ 지위, 신분
From this position, I can see all of the city.
이 위치에서는 도시의 모든 것을 볼 수 있다.

윤 location
위치, 장소

A 주어진 단어의 뜻을 영어는 우리말로, 우리말은 영어로 쓰세요.

1 gain _____
2 effort _____
3 dig _____
4 death _____
5 balance _____

6 위치, 입장, 지위, 신분 _____
7 관리하다, 다루다 _____
8 (책의) 장, 챕터 _____
9 이용할 수 있는 _____
10 관객, 청중 _____

B 알맞은 단어를 넣어 주어진 어구를 완성하세요.

1 a living _____ 살아있는 세포
2 feel _____ 어지럽다
3 _____ of heights 고소 공포증
4 _____ respected 매우 존경받는
5 a direct _____ 직접적인 관련

6 _____ people 원주민
7 the _____ of the game 게임의 목표
8 make a knot in the _____ 로프의 매듭을 짓다
9 _____ for a cure 치료법을 찾다
10 the right to _____ 투표권

C 알맞은 단어를 골라 문장을 완성하세요.

1 The product is not (available / audience) now.　　그 상품은 지금 구입할 수 없습니다.

2 Interesting topics are discussed in this (death / chapter).　　이 챕터에서는 재미있는 주제들이 논의되고 있다.

3 You can (gain / vote) knowledge through books.　　당신은 책을 통해서 지식을 얻을 수 있다.

4 She lost her (effort / balance) and fell.　　그녀는 균형을 잃고 넘어졌다.

5 They are (digging / linking) a tunnel.　　그들은 터널을 파고 있다.

정답 p.118 ➡

Day 04

MP3 듣기 ▶

gallery
[gǽləri]

명 미술관, 화랑
We spent our free time visiting the National Gallery.
우리는 국립 미술관을 방문하며 여가 시간을 보냈다.

---

symbol
[símbəl]

명 ① 상징 ② 부호, 기호
Fe is the symbol for iron.
Fe는 철을 나타내는 기호이다.

유 emblem 상징

---

bold
[bould]

형 용감한, 대담한
He was a bold climber.
그는 용감한 등반가였다.

유 fearless 겁 없는

---

elect
[ilékt]

동 ① 선거하다, 선출하다 ② 선택하다
election 명 선거; 투표
They elected him as chairman. 그들은 그를 의장으로 선출했다.

---

anger
[ǽŋgər]

명 분노, 화　　angry 형 화난, 성난
I found it hard to control my anger.
나는 분노를 조절하기 어렵다는 걸 알았다.

유 rage 분노, 격노

---

attend
[əténd]

동 ① 참석하다 ② 주의를 기울이다　attendance 명 출석, 참석
Over fifty people attended the annual conference.
50명이 넘는 사람들이 그 연례 회의에 참석했다.

---

bargain
[bá:rgən]

명 ① 싼 물건 ② 협상, 흥정
A dollar is a real bargain.
1달러이면 진짜 싼 것이다.

유 trade 거래, 매매

---

comfortable
[kʌ́mfərtəbl]

형 편안한, 안락한　comfort 명 안락; 위로
Make yourself comfortable.
편안하게 계세요.

반 uncomfortable
불편한

---

target
[tá:rgit]

명 ① 과녁 ② 목표, (목표) 대상
They set a target date of October 1.
그들은 10월 1일을 목표일로 잡았다.

유 aim 목적, 목표

---

decide
[disáid]

동 ① 결정하다 ② 결심하다　decision 명 결정; 결심
You should think carefully before you decide to do something.
무언가를 하려고 결심하기 전에 신중하게 생각해야 한다.

유 determine
결정하다

package
[pǽkidʒ]

> 명 꾸러미, 소포　　pack 동 싸다, 포장하다
> This is a package of Christmas presents.
> 이것은 크리스마스 선물 패키지이다.

유 parcel
꾸러미, 소포

earn
[ə:rn]

> 동 ① (돈을) 벌다 ② 얻다, 획득하다
> Most people here earn about $500 a week.
> 여기 대부분의 사람들이 일주일에 500달러를 번다.

반 spend
(돈을) 쓰다

female
[fí:mèil]

> 명 여성, (동물의) 암컷 형 여성의, 암컷의
> Female lions do not have manes.
> 암사자는 갈기가 없다.

반 male 남성, 수컷

increase
[inkrí:s]

> 동 증가하다, 늘리다 명 증가, 증대
> The population has increased by 3 percent.
> 인구가 3퍼센트 증가했다.

반 decrease
감소하다

marriage
[mǽridʒ]

> 명 결혼, 혼인　　marry 동 결혼하다
> They have a very happy marriage.
> 그들은 아주 행복한 결혼 생활을 하고 있다.

유 wedding
결혼, 웨딩

volume
[válju:m]

> 명 ① 용적, 용량 ② 볼륨, 음량 ③ (책의) 권
> Can you turn the volume up?
> 볼륨 좀 더 크게 해 주실래요?

유 size 크기, 규모

pure
[pjuər]

> 형 ① 순수한 ② 깨끗한　　purity 명 순수, 순결
> The mountain air is very pure.
> 산 공기는 아주 깨끗하다.

유 clean 깨끗한

condition
[kəndíʃən]

> 명 ① 조건 ② 상태, 상황
> The old house is in good condition.
> 그 오래된 집은 상태가 좋다.

유 state 상태, 형편

avoid
[əvɔ́id]

> 동 ① 피하다, 회피하다 ② 방지하다
> You have to leave early to avoid the rush hour traffic.
> 교통 혼잡을 피하려면 일찍 출발해야 한다.

product
[prádəkt]

> 명 생산물, 제품　　produce 동 생산하다, 만들다
> The newest product is selling well.
> 최신 제품은 잘 팔리고 있다.

Exercise

A 주어진 단어의 뜻을 영어는 우리말로, 우리말은 영어로 쓰세요.

1 comfortable _____

2 elect _____

3 gallery _____

4 increase _____

5 package _____

6 분노, 화 _____

7 참석하다 _____

8 피하다 _____

9 싼 물건, 협상, 흥정 _____

10 용감한, 대담한 _____

B 알맞은 단어를 넣어 주어진 어구를 완성하세요.

1 check the patient's _____ 환자 상태를 체크하다

2 _____ between the two 둘 중에서 결정하다

3 _____ money 돈을 벌다

4 a(n) _____ bird 암컷 새

5 register a(n) _____ 혼인 신고를 하다

6 _____ design 상품 디자인

7 _____ water 깨끗한 물

8 a(n) _____ of courage 용기의 상징

9 aim at a(n) _____ 과녁을 조준하다

10 turn down the _____ 소리를 줄이다

C 알맞은 단어를 골라 문장을 완성하세요.

1 I'm (comfortable / pure) in this chair. 이 의자에 앉으면 편하다.

2 I could hear the (bargain / anger) in her voice. 나는 그녀의 목소리에서 분노를 느낄 수 있었다.

3 They (elected / increased) him Mayor. 그들은 그를 시장으로 뽑았다.

4 There are some art (products / galleries) downtown. 시내에 미술관이 몇 군데 있다.

5 We took the subway to (avoid / decide) the heavy traffic. 우리는 교통 체증을 피하기 위해 지하철을 탔다.

정답 p.118 ➡

waist
[weist]

㊅ 허리
The waist of this skirt is too tight.
이 스커트의 허리는 너무 조인다.

㈜ back 등

---

needle
[níːdl]

㊅ 바늘, 침
My mother needs a needle and thread to sew.
엄마는 바느질하기 위해서 바늘과 실이 필요하다.

㈜ thread 실

---

bathe
[beið]

㊅ 목욕하다, 씻다   bath ㊅ 목욕
The children should bathe every day.
아이들은 매일 목욕을 해야 한다.

---

elbow
[élbou]

㊅ 팔꿈치
His shirt was torn at the elbow.
그의 셔츠는 팔꿈치가 찢어졌다.

㈜ heel 발뒤꿈치

---

identify
[aidéntəfài]

㊅ ① 확인하다, 식별하다 ② 동일시하다   identity ㊅ 정체성, 신원
The old man was able to identify the poisonous mushroom.
노인은 독버섯을 알아볼 수 있었다.

㈀ recognize
알아보다

---

academy
[əkǽdəmi]

㊅ ① 학원, 학교 ② 학회   academic ㊝ 학업의; 학문적인
He teaches students at a military academy.
그는 군사 학교에서 학생들을 가르친다.

---

occur
[əkə́ːr]

㊅ 생기다, 발생하다
The accident occurred at noon.
사고는 정오에 발생했다.

㈀ happen
발생하다

---

assignment
[əsáinmənt]

㊅ ① 과제, 숙제 ② 할당, 임무   assign ㊅ 할당하다
The student was given an assignment.
그 학생은 숙제를 받았다.

㈀ homework
숙제

---

cancer
[kǽnsər]

㊅ 암, 악성 종양
The politician died of lung cancer.
그 정치인은 폐암으로 사망했다.

㈀ tumor 종양

---

chew
[tʃuː]

㊅ 씹다
Students are not allowed to chew gum during the class.
학생들은 수업 중에 껌을 씹으면 안 된다.

㈜ bite 물다

---

feather
[féðər]

⑲ (새의) 깃털
The bird has black feathers.
그 새는 검은 깃털을 지니고 있다.

ⓐ beak (새의) 부리

harbor
[háːrbər]

⑲ 항구, 항만
Several people are fishing in the harbor.
몇 명의 사람들이 항구에서 낚시를 하고 있다.

ⓤ port 항구, 항만

transportation
[trænspərtéiʃən]

⑲ ① 교통, 교통 기관 ② 운송   transport ⑧ 수송하다
The price includes hotel stays and transportation.
그 가격에는 호텔 숙박과 교통편이 포함되어 있다.

lack
[læk]

⑲ 부족, 결핍 ⑧ ~이 없다, 부족하다
We lacked a good strategy to win the game.
우리는 경기에서 이길 좋은 전략이 부족했다.

ⓤ shortage 부족

melt
[melt]

⑧ 녹다, 녹이다
The snow is finally melting.
눈이 마침내 녹고 있다.

ⓑ freeze
얼다, 얼리다

pace
[peis]

⑲ 속도, 페이스
The pace of the story is quite slow.
이야기의 속도는 꽤 느리다.

ⓤ speed 속력, 속도

purpose
[pɔ́ːrpəs]

⑲ 목적, 목표
The purpose of the new hotel is to attract more tourists.
새 호텔의 목적은 더 많은 관광객을 끌어오는 것이다.

ⓤ aim 목적, 목표

scratch
[skrætʃ]

⑧ 긁다, 할퀴다 ⑲ 긁힌 자국
My cat was scratching at the door.
우리 고양이가 문을 긁고 있었다.

request
[rikwést]

⑲ 요청, 요구 ⑧ 요청하다, 부탁하다
The next song is a request from one of our listeners.
다음 곡은 우리 청취자 중 한 분이 요청하신 것입니다.

ⓤ demand
요구하다

gap
[gæp]

⑲ ① 틈 ② 간격, 차이
I have a gap between my two front teeth.
내 앞니 두 개 사이에 틈이 있다.

A 주어진 단어의 뜻을 영어는 우리말로, 우리말은 영어로 쓰세요.

1 scratch _____

2 occur _____

3 melt _____

4 harbor _____

5 feather _____

6 학원, 학교, 학회 _____

7 과제, 숙제, 할당 _____

8 목욕하다, 씻다 _____

9 암, 악성 종양 _____

10 팔꿈치 _____

B 알맞은 단어를 넣어 주어진 어구를 완성하세요.

1 _____ my food well   음식을 꼭꼭 씹다

2 a generation _____   세대 차이

3 _____ a face   얼굴을 알아보다

4 _____ confidence   자신감이 부족하다

5 a(n) _____ and thread   바늘과 실

6 a slow _____   느린 속도

7 the _____ of life   삶의 목적

8 make a(n) _____   요청하다

9 public _____   대중교통 수단

10 have a narrow _____   허리가 잘록하다

C 알맞은 단어를 골라 문장을 완성하세요.

1 We (bathed / chewed) the dogs in the backyard.   우리는 뒷마당에서 개들을 목욕시켰다.

2 The ice started to (lack / melt).   얼음이 녹기 시작했다.

3 There is a (cancer / scratch) on the car door.   차 문에 긁힌 자국이 있다.

4 A car accident (occurred / identified) on 11th Street at 5.   차 사고가 5시경에 11번가에서 발생했다.

5 A ship is sailing into a (harbor / transportation).   배 한 척이 항구 안으로 들어가고 있다.

정답 p.118 ➡

A 주어진 단어와 알맞은 뜻을 찾아 연결하세요.

1 inform   •   • 후회, 유감   6 cell   •   • 세포

2 support   •   • 인상, 모습   7 condition   •   • 생산물

3 image   •   • 찾다, 조사하다   8 product   •   • 목적, 목표

4 search   •   • 지지하다   9 purpose   •   • 확인하다

5 regret   •   • 알리다   10 identify   •   • 조건, 상태

B 단어의 관계에 맞게 빈칸을 채우세요.

1 aim : goal = _____ : taste   6 additional : _____ = bold : fearless

2 collect : _____ = maintain : keep   7 lack : shortage = _____ : speed

3 _____ : freeze = increase : decrease   8 necessary : _____ = effective : effect

4 pure : clean = port : _____   9 danger : _____ = fear : fearful

5 harm : _____ = unique : peculiar   10 decide : decision = elect : _____

C 알맞은 단어를 넣어 문장을 완성하세요.

1 I _____ not to late again.   다시는 늦지 않겠다고 약속할게.

2 Minor injuries can _____ quickly.   가벼운 상처는 빨리 낫는다.

3 They put a lot of _____ into the project.   그들은 이 프로젝트에 많은 노력을 쏟았다.

4 I'm going to _____ the meeting.   나는 회의에 참석할 것이다.

5 She hasn't finished her _____ yet.   그녀는 아직 과제물을 끝내지 않았다.

정답 p.119 ➡

Vocabulary Plus

☐ **call back** 다시 전화하다
She will **call** you **back** as soon as possible.
그녀는 가능한 한 빨리 다시 전화할 거야.

☐ **give back** 돌려주다, 반환하다
I have to **give** her umbrella **back** to her.
나는 그녀에게 우산을 돌려줘야 한다.

☐ **hold back** 자제하다, 억제하다
He couldn't **hold back** his tears when he watched the sad movie. 그는 슬픈 영화를 봤을 때 눈물을 참을 수 없었다.

☐ **pay back** 빚을 갚다, 보복하다
He didn't **pay back** the money.
그는 돈을 갚지 않았다.

☐ **write back** 답장을 쓰다
She didn't **write back** to him.
그녀는 그에게 답장을 쓰지 않았다.

☐ **go down** 내려가다, 하락하다
The temperature will **go down** next week.
다음 주에 기온이 내려갈 것이다.

☐ **go out** 나가다
Mark **went out** at 5:00 yesterday.
마크는 어제 5시에 나갔다.

☐ **hear about** ~에 대하여 듣다
I **heard about** the accident.
나는 그 사고 소식을 들었다.

☐ **hear of** ~에 대해 들은 적이 있다
Have you **heard of** King Se-jong?
세종대왕에 대해 들어 본 적이 있니?

☐ **hold on** 기다리다, 견디다
Please **hold on** for five minutes.
5분만 기다려 주세요.

Check-up Test

1 I will _____ the camera _____ to Tom.
나는 톰에게 카메라를 돌려줄 것이다.

2 Computer prices _____ _____.
컴퓨터의 가격이 내렸다.

3 I didn't _____ _____ because I had a bad cold.
나는 독감에 걸려서 외출하지 않았다.

4 Please tell him I'll _____ _____ later.
나중에 다시 전화하겠다고 그에게 말해 주세요.

5 She tried hard to _____ _____ her anger.
그녀는 화를 참으려고 애를 썼다.

정답 p.119 ➡

Chapter 02

Day 06
~
Day 10

Day 06

MP3 듣기 ▶

cape
[keip]

명 망토
She likes to wear a cape when she goes out.
그녀는 밖에 나갈 때 망토를 입는 것을 좋아한다.

tube
[tʃuːb]

명 튜브, 관, 통
The patient was breathing oxygen through a tube.
그 환자는 튜브를 통해 산소를 들이마시고 있었다.

patient
[péiʃənt]

형 참을성 있는 명 환자   patience 명 인내, 참을성
I hate standing in lines because I'm not very patient.
나는 인내심이 별로 없어서 줄을 서는 것을 싫어한다.

반 impatient
참을성 없는

messenger
[mésəndʒər]

명 메신저, 전달자
A messenger came to pick up packages.
배달원이 소포를 가지러 왔다.

badly
[bǽdli]

부 심하게, 나쁘게
Her hands were badly frozen.
그녀의 손은 심하게 얼었다.

반 well 잘, 훌륭하게

root
[ru(ː)t]

명 ① (식물의) 뿌리 ② 근원
Oak trees have deep roots.
오크 나무는 뿌리가 깊다.

참 branch
나뭇가지

depth
[depθ]

명 깊이   deep 형 깊은
What's the depth of the water there?
거기 물의 깊이는 얼마인가요?

참 width 폭, 넓이

advertise
[ǽdvərtàiz]

동 광고하다, 홍보하다   advertisement 명 광고
They advertised their products in the paper.
그들은 신문에 제품을 광고했다.

참 broadcast
방송하다

liquid
[líkwid]

명 액체 형 액체의, 유동성의
Water and Juice are liquid substances.
물과 주스는 액체 물질이다.

유 fluid 액체, 유동체

encourage
[inkə́ːridʒ]

동 ① 격려하다 ② 장려하다   encouragement 명 격려; 장려
My teacher encouraged us to read more.
선생님은 우리가 더 많이 읽도록 장려하셨다.

반 discourage
낙담시키다

height
[hait]

명 ① 키, 높이 ② 절정, 정점
We were surprised by her height.
우리는 그녀의 키에 놀랐다.

유 altitude
높이, 고도

---

bet
[bet]

동 ① (내기 등에) 돈을 걸다, 내기하다 ② 단언하다 (bet - bet - bet)
명 내기
An old lady won the bet. 한 나이 든 부인이 내기에서 이겼다.

유 gamble 도박

---

positive
[pázitiv]

형 ① 긍정적인 ② 확신하는
It is important to have a positive attitude.
긍정적인 태도를 가지는 것은 중요하다.

반 negative
부정적인

---

quality
[kwάləti]

명 ① 질, 품질 ② 특성, 특질
Everyone can improve the quality of life.
모두가 인생의 질을 향상시킬 수 있다.

참 quantity
양, 수량

---

delivery
[dilívəri]

명 ① 배달, 배송 ② 분만, 출산   deliver 동 배달하다; 출산하다
We offer free delivery within the city.
우리는 도시 내에서 무료 배송을 제공한다.

---

fit
[fit]

형 ① 알맞은, 적합한 ② 건강한, 튼튼한
동 적합하다, 어울리다 (fit - fit - fit)
Is this water fit to drink? 이 물은 마시기에 적합한가요?

---

concern
[kənsə́:rn]

명 ① 관계, 관련 ② 관심 ③ 걱정 동 ① ~에 관계하다 ② 염려하다
Many people expressed concern over the law.
많은 사람들이 그 법에 대해 우려를 표했다.

---

include
[inklú:d]

동 포함하다, 함유하다
Lunch was not included in the price.
점심은 가격에 포함되어 있지 않았다.

반 exclude
제외하다

---

nest
[nest]

명 둥지, 보금자리
The birds built their nests on the ground.
그 새들은 땅에 둥지를 지었다.

---

southern
[sΛðərn]

형 남부의, 남쪽의
He has a southern accent.
그는 남부 지방의 억양을 갖고 있다.

반 northern
북쪽의

A 주어진 단어의 뜻을 영어는 우리말로, 우리말은 영어로 쓰세요.

1 badly _____

2 bet _____

3 include _____

4 fit _____

5 height _____

6 배달, 분만 _____

7 메신저, 전달자 _____

8 참을성 있는, 환자 _____

9 품질, 특성 _____

10 튜브, 관, 통 _____

B 알맞은 단어를 넣어 주어진 어구를 완성하세요.

1 _____ states 　　남부의 주들

2 the _____ of life 　생명의 근원

3 a(n) _____ influence 긍정적 영향

4 a bird's _____ 　　새 둥지

5 use _____ soap 　액체 비누를 사용하다

6 _____ a friend 　　친구를 격려하다

7 the _____ of a hole 구멍의 깊이

8 a major _____ 　　주요 관심사

9 a red _____ 　　　빨간 망토

10 _____ a job 　　　구인 광고를 하다

C 알맞은 단어를 골라 문장을 완성하세요.

1 He is (badly / positive) injured. 　　　　　　　그는 심하게 부상을 당했다.

2 What's the (depth / height) of the building? 　저 빌딩의 높이는 어떻게 됩니까?

3 The course (includes / fits) grammar and vocabulary. 그 과정은 문법과 어휘를 포함한다.

4 Mark lost 100 dollars on a (tube / bet). 　　　마크는 내기에서 100달러를 잃었다.

5 The teacher is very (patient / concern) with students. 그 선생님은 학생들을 매우 참을성 있게 지도한다.

정답 p.119

Day 07

MP3 듣기 ▶

media
[míːdiə]

몡 (신문 · 텔레비전 등의) 매체, 미디어
The campaign won media attention.
그 캠페인은 미디어의 관심을 끌었다.

---

edit
[édit]

동 ① 편집하다 ② 교정하다　editor 몡 편집자
The movie has been edited for children.
그 영화는 아이들을 위해 편집되었다.

---

recently
[ríːsəntli]

閉 최근에, 요즈음　recent 혱 최근의
He recently decided to move.
최근에 그는 이사하기로 결심했다.

윤 lately 최근에

---

absolute
[ǽbsəlùːt]

혱 ① 완전한 ② 절대적인
Her boss has absolute faith in her ability.
상사는 그녀의 능력에 대해 절대적인 믿음이 있다.

참 relative
상대적인

---

annoy
[ənɔ́i]

동 짜증나게 하다, 귀찮게 하다
They annoy me sometimes.
그들은 가끔 나를 짜증나게 한다.

윤 bother
귀찮게 굴다

---

belief
[bilíːf]

몡 믿음, 신념　believe 동 믿다
She challenged my belief in God.
그녀는 신에 대한 나의 믿음에 의문을 제기했다.

윤 faith 믿음, 신뢰

---

careless
[kέərlis]

혱 부주의한, 조심성 없는
It was a careless mistake.
그것은 조심성 없는 실수였다.

반 careful 주의 깊은

---

jaw
[dʒɔː]

몡 턱
My broken jaw hurt badly.
부러진 턱이 몹시 아팠다.

---

economy
[ikánəmi]

몡 ① 경제, 경기 ② 절약　economic 혱 경제의
The war changed the country's economy.
전쟁은 그 나라의 경제를 바꾸었다.

---

yell
[jel]

동 소리 지르다, 외치다 몡 고함, 외침
I heard someone yelling my name.
누군가 내 이름을 외치는 걸 들었다.

윤 shout 고함치다

impression
[impréʃən]

® ① 인상, 느낌 ② 감동, 감명　　**impress** ⑧ ～에게 감명을 주다
Mark wants to make a good impression on everyone.
마크는 모든 사람들에게 좋은 인상을 주고 싶어 한다.

---

vision
[víʒən]

® ① 시력 ② 시야 ③ 예지력, 통찰력
Owls have good night vision.
부엉이는 밤눈이 밝다.

㉤ sight 시각, 시력

---

local
[lóukəl]

® ① 국내의 ② 지역의, 지방의
We had lunch at a local restaurant.
우리는 현지 식당에서 점심을 먹었다.

---

depend
[dipénd]

⑧ ① 신뢰하다 ② 의지하다 ③ ～에 달려 있다
dependent ® 의존하는
It depends on what customers want. 고객들이 뭘 원하는지에 달려 있다.

---

provide
[prəváid]

⑧ 제공하다, 공급하다
The lawyer can provide legal advice.
변호사는 법적인 조언을 줄 수 있다.

㉤ offer 공급하다

---

rail
[reil]

® ① 철도 ② 철로, 레일 ③ 난간
A group of people leaned on the rail of the ship.
한 무리의 사람들이 배의 난간에 기대었다.

---

sink
[siŋk]

⑧ 가라앉다 (sink - sank - sunk) ® (부엌의) 싱크대
The passengers escaped from the boat before it sank.
승객들은 배가 가라앉기 전에 탈출했다.

㉠ float 떠오르다

---

technical
[téknikəl]

® ① 기술의 ② 전문적인　　**technique** ® 기술, 기법
The pianist has good technical skills.
그 피아니스트는 기교가 좋다.

---

zone
[zoun]

® 지역, 지대
Your ticket is valid for Zone 2 only.
당신의 티켓은 2지역에서만 유효하다.

㉤ region 지방, 지역

---

perform
[pərfɔ́:rm]

⑧ ① 수행하다 ② 공연하다 ③ 연기하다, 연주하다
performance ® 수행, 성과; 공연
Several experiments were performed yesterday.
어제 몇 가지 실험이 실시되었다.

Exercise

A 주어진 단어의 뜻을 영어는 우리말로, 우리말은 영어로 쓰세요.

1 annoy _____

2 careless _____

3 depend _____

4 edit _____

5 jaw _____

6 제공하다, 공급하다 _____

7 철도, 레일 _____

8 최근에, 요즈음 _____

9 가라앉다, 싱크대 _____

10 소리 지르다, 외침 _____

B 알맞은 단어를 넣어 주어진 어구를 완성하세요.

1 the _____ truth　　절대 진리

2 a firm _____　　확고한 믿음

3 the global _____　　세계 경제

4 a first _____　　첫인상

5 a(n) _____ newspaper　지역 신문

6 mass _____　　대중 매체

7 _____ a play　　연극을 공연하다

8 a(n) _____ problem　기술적 문제

9 have poor _____　　시력이 나쁘다

10 a no-parking _____　주차 금지 구역

C 알맞은 단어를 골라 문장을 완성하세요.

1 The mosquito is the most (annoying / yelling) thing in summer.　　여름날 모기는 제일 짜증 난다.

2 The shark has powerful (jaws / rails).　　상어는 강한 턱을 가지고 있다.

3 The newspaper (sinks / provides) information about local events.　그 신문은 지역 행사 정보를 제공한다.

4 The ship (performed / sank) to the bottom of the sea.　　그 배는 바다 밑으로 가라앉았다.

5 I (depended / edited) my essay to make it better.　　나는 내 작문을 개선하기 위해서 교정했다.

정답 p.119 ➡

label
[léibəl]

⟨명⟩ ① 라벨, 표 ② 상표
Remember to put some address labels on the envelopes.
봉투에 주소 라벨 붙이는 걸 기억해라.

---

professor
[prəfésər]

⟨명⟩ (대학의) 교수
She is a professor of sociology at the university.
그녀는 대학교에서 사회학 교수이다.

⟨참⟩ campus
캠퍼스, 대학

---

accept
[əksépt]

⟨동⟩ 받아들이다, 받다
I accepted the job without hesitation.
나는 망설임 없이 그 일을 받아들였다.

⟨반⟩ reject 거부하다

---

benefit
[bénəfit]

⟨명⟩ 이익, 혜택　beneficial ⟨형⟩ 유익한, 이로운
There are many financial benefits to start the business.
그 사업을 시작하는 것에는 많은 재정상의 혜택이 있다.

⟨유⟩ profit 이익, 수익

---

complain
[kəmpléin]

⟨동⟩ 불평하다, 항의하다
My father works hard but he never complains.
아버지는 열심히 일하지만 절대 불평하지 않는다.

⟨유⟩ protest 항의하다

---

describe
[diskráib]

⟨동⟩ 묘사하다, 설명하다　description ⟨명⟩ 묘사, 설명
Can you describe your lost dog?
잃어버린 개에 대해 설명해 주시겠어요?

⟨유⟩ explain
설명하다

---

elder
[éldər]

⟨형⟩ 나이가 위인, 손위의 ⟨명⟩ ① 연장자 ② 원로, 어른
I got some advice from my elder brother.
나는 형에게서 조언을 얻었다.

⟨유⟩ older 연상의

---

charge
[tʃɑːrdʒ]

⟨동⟩ ① 청구하다 ② 맡기다 ⟨명⟩ ① 경비, 요금 ② 책임, 의무
There is no charge for using the library.
도서관을 이용하는 데 요금은 없다.

⟨유⟩ rate 요금

---

sense
[sens]

⟨명⟩ ① 감각 ② 느낌 ③ 의미　sensitive ⟨형⟩ 민감한
Dogs have a good sense of smell.
개는 후각이 좋다.

⟨유⟩ feeling 느낌

---

energetic
[ènərdʒétik]

⟨형⟩ 정력적인, 활기찬　energy ⟨명⟩ 에너지, 힘
The men are energetic workers.
그 남자들은 힘이 넘치는 일꾼들이다.

⟨유⟩ active 활동적인

fence
[fens]

명 울타리, 장애물
The house was surrounded by a tall fence.
그 집은 높은 울타리로 둘러싸여 있었다.

유 barrier
장벽, 장애물

---

offer
[ɔ́(ː)fər]

동 ① 제공하다 ② 제안하다 명 ① 제공 ② 제안
Can I offer you a drink?
음료수 드릴까요?

유 provide
제공하다

---

globe
[gloub]

명 ① 지구 ② 구체　global 형 지구의; 세계적인
Michael was a superstar all around the globe.
마이클은 세계적인 슈퍼스타였다.

유 earth 지구

---

weapon
[wépən]

명 무기, 병기
They didn't have any chemical weapons.
그들은 어떠한 화학 무기도 갖고 있지 않았다.

참 bullet 총알

---

lately
[léitli]

부 요즈음, 최근에
She hasn't been feeling well lately.
그녀는 요즘 몸이 좋지 않다.

유 recently 최근에

---

network
[nétwəːrk]

명 ① (도로 · 신경 등의) 망 ② 관계, 네트워크
All employees have access to the computer network.
모든 직원들이 컴퓨터 네트워크에 접속할 수 있다.

유 web
(복잡하게 연결된) 망

---

pile
[pail]

동 ① 쌓다 ② 축적하다 명 쌓아 놓은 것, 더미
I've got a pile of books to read this week.
이번 주에 읽어야 할 책이 쌓여 있다.

---

rate
[reit]

명 ① 비율 ② 요금 ③ 속도
We can get there by midnight at this rate.
우리는 이 속도로 자정까지 거기에 도착할 수 있다.

유 charge 요금

---

tight
[tait]

형 ① 단단히 맨 ② 꽉 끼는 ③ 엄격한
Those pants look a bit tight.
그 바지는 좀 끼어 보인다.

반 loose 헐거운

---

male
[meil]

명 남성, (동물의) 수컷 형 남성의, 수컷의
A male chicken is called a cock.
수컷 닭을 콕(cock)이라 부른다.

반 female 여성

Exercise

A 주어진 단어의 뜻을 영어는 우리말로, 우리말은 영어로 쓰세요.

1 weapon _____   6 라벨, 표, 상표 _____

2 sense _____   7 묘사하다, 설명하다 _____

3 professor _____   8 청구하다, 요금, 책임 _____

4 pile _____   9 이익, 혜택 _____

5 lately _____   10 받아들이다, 받다 _____

B 알맞은 단어를 넣어 주어진 어구를 완성하세요.

1 _____ to the manager 관리인에게 항의하다   6 a(n) _____ voice 남자 목소리

2 a(n) _____ sister 언니(누나)   7 a telephone _____ 전화망

3 a(n) _____ person 에너지 넘치는 사람   8 _____ him a job 그에게 직장을 제공하다

4 fix the _____ 울타리를 수리하다   9 heart _____ 심장 박동 수

5 all over the _____ 전 세계적으로   10 a(n) _____ schedule 바쁜 일정

C 알맞은 단어를 골라 문장을 완성하세요.

1 She is a (professor / pile) at Princeton University.   그녀는 프린스턴 대학교 교수이다.

2 Can you (offer /describe) in detail how he looked?   그의 생김새를 자세히 설명할 수 있나요?

3 Please (accept / complain) my apology.   제 사과를 받아주세요.

4 Have you seen Jane (elder / lately)?   최근에 제인을 봤니?

5 This sentence makes no (sense / benefit).   이 문장은 말이 안 된다.

정답 p.119 ➡

Day 09

MP3 듣기 ▶

---

god
[gad]

⟨명⟩ 신, 창조주
The students enjoyed the stories of gods in Greek myth.
학생들은 그리스 신화의 신들에 관한 이야기를 좋아했다.

⟨참⟩ goddess 여신

---

publish
[pʌ́bliʃ]

⟨동⟩ 출판하다, 발행하다
His first novel was published.
그의 첫 번째 소설책이 출판되었다.

⟨유⟩ issue 발행하다

---

beast
[biːst]

⟨명⟩ 짐승, 야수
They were attacked by a beast.
그들은 어떤 짐승에 의해 공격받았다.

⟨유⟩ brute
짐승, (큰) 동물

---

cabinet
[kǽbənit]

⟨명⟩ ① 장식장, 보관장 ② (정부의) 내각
She wants to get back into the Cabinet.
그녀는 내각으로 돌아가고 싶어 한다.

⟨참⟩ closet 벽장

---

chase
[tʃeis]

⟨동⟩ 쫓다, 추격하다 ⟨명⟩ 추격, 추적
We chased after the robbers.
우리는 강도들을 추격했다.

⟨유⟩ follow 따르다

---

jewel
[dʒúːəl]

⟨명⟩ 보석
The thieves stole gold and jewels.
도둑들은 금과 보석들을 훔쳤다.

⟨유⟩ gem 보석, 보물

---

truth
[truːθ]

⟨명⟩ ① 진실, 사실 ② 진리　　true ⟨형⟩ 사실인; 진짜의
The truth may never be known.
진실은 절대 알려지지 않을지도 모른다.

⟨유⟩ fact 사실

---

destroy
[distrɔ́i]

⟨동⟩ 파괴하다, 멸망시키다　　destruction ⟨명⟩ 파괴, 멸망
An earthquake destroyed the town.
지진은 그 도시를 파괴했다.

⟨반⟩ construct
건설하다

---

effective
[iféktiv]

⟨형⟩ 효과적인, 효력 있는
Teachers need more effective communication.
교사들은 더 효과적인 의사소통이 필요하다.

⟨유⟩ efficient
효율적인

---

failure
[féiljər]

⟨명⟩ 실패
My younger sister is depressed by her failure.
내 여동생은 실패로 좌절했다.

⟨반⟩ success 성공

---

industry
[índəstri]

⑲ 산업, 공업　　industrial ⑱ 산업의, 공업의
The government is trying to attract **industry** to the city.
정부는 그 도시에 산업을 유치하려고 한다.

㉓ commerce
상업

overcome
[òuvərkʌ́m]

⑧ ① 극복하다 ② ~에 이기다 (overcome - overcame - overcome)
Kyle finally **overcame** his difficulties.
카일은 마침내 어려움을 극복했다.

㉔ conquer
극복하다

master
[mǽstər]

⑲ ① 마스터, 숙달자 ② 주인 ⑧ 숙달하다
A dog has to obey its **master**.
개는 주인에게 복종해야 한다.

㉔ expert
전문가, 달인

pause
[pɔːz]

⑲ ① 멈춤, 중단 ② 휴식 ⑧ 잠시 중지하다
After a **pause**, he gave an answer.
그는 잠시 멈췄다가 대답을 했다.

㉕ continue
계속하다

nearly
[níərli]

⑨ 거의, 대략
I've **nearly** finished the book.
나는 책을 거의 다 읽었다.

㉔ almost
거의, 대체로

account
[əkáunt]

⑲ ① 계좌 ② 설명
You can open an **account** online.
당신은 온라인으로 계좌를 만들 수 있다.

sample
[sǽmpl]

⑲ 샘플, 견본
They are giving out free **samples**.
그들은 무료 샘플을 나눠 주고 있다.

㉔ model 모형, 견본

rapid
[rǽpid]

⑱ 빠른, 신속한
There has been **rapid** growth in this country.
이 나라에서는 급속한 성장이 있었다.

㉔ quick
빠른, 민첩한

harmony
[háːrməni]

⑲ 조화, 일치
The students sang in perfect **harmony**.
학생들은 완벽하게 조화를 이루며 노래를 불렀다.

㉔ unity 통일, 일치

wedding
[wédiŋ]

⑲ 결혼(식)
She wanted a quiet **wedding**.
그녀는 조용한 결혼식을 원했다.

㉔ marriage
결혼, 혼인

A 주어진 단어의 뜻을 영어는 우리말로, 우리말은 영어로 쓰세요.

1 beast _____   6 진실, 사실, 진리 _____

2 effective _____   7 빠른, 신속한 _____

3 god _____   8 중단, 휴식, 잠시 중지하다 _____

4 industry _____   9 극복하다, ~에 이기다 _____

5 jewel _____   10 장식장, 보관장, (정부의) 내각 _____

B 알맞은 단어를 넣어 주어진 어구를 완성하세요.

1 a bank _____   은행 계좌   6 _____ English   영어를 숙달하다

2 _____ a building   건물을 파괴하다   7 _____ 100 people   거의 100명

3 _____ a thief   도둑을 뒤쫓다   8 _____ books   책을 출판하다

4 the fear of _____   실패에 대한 두려움   9 a blood _____   혈액 표본

5 live in _____   조화를 이루며 살다   10 a(n) _____ ceremony   결혼식

C 알맞은 단어를 골라 문장을 완성하세요.

1 Ancient people believed in many (jewels / gods).   고대 사람들은 많은 신을 믿었다.

2 There's no (truth / failure) in anything she says.   그녀가 하는 말에는 진실이 조금도 없다.

3 The drugs are highly (effective / rapid) in treating colds.   그 약물은 감기 치료에 매우 효과적이다.

4 Press the (pause / beast) button on the MP3 player.   MP3 플레이어의 정지 버튼을 누르세요.

5 He (chased / overcame) a leg injury.   그는 다리 부상을 극복했다.

정답 p.120➡

bean
[biːn]

명 콩
Beans and eggs are rich in protein.
콩과 달걀은 단백질이 풍부하다.

참 red bean 팥

---

ladder
[lǽdər]

명 사다리
That ladder doesn't look safe.
저 사다리는 안전해 보이지 않는다.

---

accomplish
[əkámpliʃ]

동 성취하다, 달성하다　accomplishment 명 성취; 업적
We accomplished a lot during our visit.
우리는 방문 기간 동안 많은 걸 달성했다.

유 achieve
성취하다

---

battery
[bǽtəri]

명 건전지, 배터리
The battery is dead.
배터리가 방전되었다.

---

cast
[kæst]

동 던지다 (cast - cast - cast) 명 ① 배역 ② 주물, 주형
How many votes were cast?
얼마나 많은 표가 던져졌나요?

유 throw 던지다

---

certain
[sə́ːrtən]

형 ① 확신하는 ② 확실한 ③ 어떤　certainly 부 확실히, 틀림없이
She is certain that she'll be a winner.
그녀는 자신이 우승할 거라고 확신한다.

반 uncertain
불확실한

---

nut
[nʌt]

명 견과
Are you allergic to nuts?
견과류에 알레르기가 있나요?

---

develop
[divéləp]

동 ① 발달하다 ② 개발하다　development 명 발달; 개발
The child is developing normally.
아이는 정상적으로 발달하고 있다.

---

firm
[fəːrm]

형 ① 굳은, 단단한 ② 확고한 명 기업, 회사
He spoke to me in a firm voice.
그는 단호한 목소리로 나에게 말했다.

유 solid 견고한

---

hell
[hel]

명 지옥
The past few years have been a hell for us.
지난 몇 년간은 우리에게 지옥이었다.

반 heaven 천국

actual
[ǽktʃuəl]

ⓗ 현실의, 실제의　**actually** ⓟ 실제로, 정말로
He looks younger than his actual age.
그는 실제 나이보다 어려 보인다.

ⓤ real 실제의

---

quantity
[kwántəti]

ⓜ 양, 수량
Police found a small quantity of drugs.
경찰은 소량의 마약을 찾았다.

ⓒ quality 품질

---

mental
[méntəl]

ⓗ 마음의, 정신의
Those patients have mental health problems.
저 환자들은 정신 건강 문제가 있다.

ⓑ physical 육체의

---

organization
[ɔ̀:rɡənizéiʃən]

ⓜ 단체, 조직　**organize** ⓓ 조직하다
This is a non-profit organization.
이것은 비영리 단체이다.

ⓤ group 무리, 집단

---

parcel
[pá:rsl]

ⓜ 꾸러미, 소포
I sent the parcel by express mail.
나는 빠른우편으로 소포를 보냈다.

ⓤ bundle
꾸러미, 묶음

---

electronic
[ilektránik]

ⓗ 전자의, 전자 공학의　**electronics** ⓜ 전자 기술; 전자 공학
Sign up for electronic banking.
전자 뱅킹을 신청하세요.

---

semester
[siméstər]

ⓜ 학기
A fall semester is usually four months.
가을 학기는 주로 4개월이다.

ⓤ term 임기, 학기

---

knowledge
[nálidʒ]

ⓜ 지식
Do you have any knowledge of fashion?
패션에 대해 좀 아세요?

ⓒ learning 학습

---

silent
[sáilənt]

ⓗ ① 조용한 ② 무언의, 과묵한　**silence** ⓜ 고요; 침묵
My boyfriend is a very silent man.
내 남자 친구는 아주 조용하다.

ⓑ noisy 시끄러운

---

value
[vǽljuː]

ⓜ 가치, 중요성　**valuable** ⓗ 가치 있는, 귀중한
The building has a value of $1,000,000.
그 건물은 백만 달러의 가치가 있다.

ⓤ merit
가치, 우수함

Exercise

A 주어진 단어의 뜻을 영어는 우리말로, 우리말은 영어로 쓰세요.

1	value	_____	6	성취하다, 달성하다 _____
2	silent	_____	7	현실의, 실제의 _____
3	quantity	_____	8	콩 _____
4	organization	_____	9	확신하는, 어떤 _____
5	nut	_____	10	지옥 _____

B 알맞은 단어를 넣어 주어진 어구를 완성하세요.

1 a dead _____   방전된 배터리

2 _____ a stone   돌을 던지다

3 _____ a product   상품을 개발하다

4 a(n) _____ car   전기차

5 a(n) _____ decision   굳은 결심

6 gain _____   지식을 얻다

7 climb a(n) _____   사다리를 오르다

8 _____ illness   정신병

9 ship a(n) _____   소포를 배송하다

10 during the _____   학기 중에

C 알맞은 단어를 골라 문장을 완성하세요.

1 The UN is the largest international (organization / semester).   유엔은 제일 큰 국제기구이다.

2 The war made their life (hell / mental).   전쟁은 그들의 삶을 지옥으로 만들었다.

3 The novel is based on (certain / actual) events.   그 소설은 실제 사건에 기초한다.

4 We have (developed / accomplished) our tasks.   우리는 임무를 완수했다.

5 The man kept (silent / firm).   그 남자는 계속 조용히 있었다.

정답 p.120 ⇨

A 주어진 단어와 알맞은 뜻을 찾아 연결하세요.

1 concern •   • 깊이   6 sense •   • 짐승, 야수

2 edit •   • 짜증나게 하다   7 beast •   • 양, 수량

3 label •   • 편집하다   8 overcome •   • 가치, 중요성

4 depth •   • 관심, 걱정   9 quantity •   • 극복하다

5 annoy •   • 라벨, 상표   10 value •   • 감각, 느낌

B 단어의 관계에 맞게 빈칸을 채우세요.

1 accomplish : _____ = cast : throw   6 float : _____ = positive : negative

2 expert : master = bother : _____   7 _____ : discourage = accept : reject

3 _____ : almost = recently : lately   8 _____ : careful = tight : loose

4 liquid : fluid = _____ : protest   9 develop : _____ = impress : impression

5 male : female = success : _____   10 deliver : delivery = _____ : belief

C 알맞은 단어를 넣어 문장을 완성하세요.

1 The _____ of the service was very good.   서비스의 질은 매우 좋았다.

2 Don't _____ at me.   나한테 소리 지르지 마.

3 The bank robber was holding a(n) _____.   은행 강도는 무기를 들고 있었다.

4 The film _____ is booming.   영화 산업이 부흥하고 있다.

5 He plans to _____ a game.   그는 게임을 개발할 예정이다.

정답 p.120 ➡

Vocabulary Plus

☐ **call off** 취소하다

They **called off** the concert.
그들은 콘서트를 취소했다.

☐ **jump off** 뛰어내리다

He **jumped off** the car.
그는 차에서 뛰어내렸다.

☐ **pay off** (빚을) 다 갚다

Mr. Brown has **paid off** his debts.
브라운 씨는 그의 빚을 다 갚았다.

☐ **put off** 연기하다, 미루다

They had to **put off** their wedding.
그들은 결혼식을 연기해야 했다.

☐ **take off** (모자, 구두 등을) 벗다

He didn't **take off** his hat.
그는 모자를 벗지 않았다.

☐ **drop off** 내려 주다, 내려놓다

My dad will **drop** me **off** at the bus station.
아버지가 나를 버스 정류장에 내려 주실 거다.

☐ **get off** (차에서) 내리다

Rachel **got off** the plane.
레이첼은 비행기에서 내렸다.

☐ **get on** (버스 등에) 타다

We **got on** the bus for the airport.
우리는 공항으로 가는 버스를 탔다.

☐ **get well** (병이) 낫다, 회복하다

I hope your mom will **get well** soon.
나는 당신의 어머니가 곧 회복하길 바란다.

☐ **get together** 모이다

Our family **gets together** twice a month.
우리 가족은 한 달에 두 번 모인다.

Check-up Test

1 I _____ _____ my birthday party.
나는 내 생일 파티를 미뤘다.

2 _____ _____ your shoes when you enter a house.
집에 들어갈 땐 신발을 벗어라.

3 I had to _____ _____ the train for Busan.
나는 부산으로 가는 기차를 타야 했다.

4 They _____ _____ the football game.
그들은 축구 경기를 취소했다.

5 Ian _____ his children _____ at school every morning.
이안은 매일 아침 자녀들을 학교에 데려다준다.

정답 p.120 ➡

Chapter 03

Day 11
~
Day 15

Day 11

MP3 듣기 ▶

edge
[edʒ]

⑲ 가장자리, 끝
A new train station will be built on the edge of town.
새 기차역이 마을 끝에 건설될 것이다.

㊂ margin 가장자리

---

mayor
[méiər]

⑲ 시장, 군수
Donovan is the mayor of the city.
도노반은 그 시의 시장이다.

---

total
[tóutl]

⑲ 전부의, 전체의
What is the total amount of the bill?
청구서 전체 금액은 얼마인가요?

㊂ partial 일부의

---

bind
[baind]

⑤ 묶다 (bind - bound - bound)
She bound her hair in a ponytail.
그녀는 머리를 말총머리로 묶었다.

㊂ tie (끈 등으로) 묶다

---

climate
[kláimit]

⑲ ① 기후 ② 날씨
We didn't like the humid climate of Malaysia.
우리는 말레이시아의 습한 기후를 좋아하지 않았다.

㊂ weather
날씨, 기상

---

deny
[dinái]

⑤ 부정하다, 부인하다   denial ⑲ 부정, 부인
He denied the rumors.
그는 그 소문들을 부인했다.

---

embarrass
[imbǽrəs]

⑤ 당황하게 하다, 부끄럽게 하다
I don't want to embarrass my teacher in front of her students.
나는 학생들 앞에서 선생님을 당황하게 만들고 싶지 않다.

㊂ confuse
당황하게 하다

---

especially
[ispéʃəli]

⑮ 특히
I was especially concerned about the test results.
나는 시험 결과가 특히 걱정되었다.

㊂ particularly
특히

---

flat
[flæt]

⑲ 편평한, 납작한
Vases have been placed on the flat top of the table.
꽃병들은 테이블의 편평한 꼭대기에 놓여 있었다.

---

require
[rikwáiər]

⑤ ① ~을 필요로 하다 ② 요구하다
The toy car requires four batteries.
그 장난감 자동차는 4개의 배터리가 필요하다.

㊂ demand
요구하다

---

galaxy
[gǽləksi]

명 은하, 은하계
There are a lot of galaxies in the universe.
우주에는 수많은 은하계가 있다.

참 astronomy
천문학

---

entertainment
[èntərtéinmənt]

명 ① 오락, 연예 ② 환대, 대접   entertain 동 즐겁게 하다
You can enjoy the food, music, and entertainment.
음식과 음악, 오락을 즐길 수 있다.

유 amusement
오락, 재미

---

grateful
[gréitfəl]

형 감사하는, 고마운
I'm very grateful for your help with the paintwork.
페인트칠을 도와주셔서 대단히 감사합니다.

유 thankful
감사하는

---

iron
[áiərn]

명 ① 철, 쇠 ② 다리미
The roof is made from iron and bronze.
그 지붕은 철과 동으로 만들었다.

유 steel 강철

---

achieve
[ətʃíːv]

동 성취하다, 달성하다   achievement 명 성취; 업적
He feels as if he has achieved nothing.
그는 마치 아무것도 이루지 못한 것처럼 느낀다.

유 accomplish
성취하다

---

leadership
[líːdərʃip]

명 지도력, 리더십
The country's leadership is in crisis.
그 나라의 지도력이 위기에 놓여 있다.

참 authority
권위, 권력

---

characteristic
[kæ̀riktərístik]

형 독특한 명 특성, 특질
Small eyes are one of the family characteristics.
작은 눈은 집안 특징 중 하나이다.

유 feature 특징

---

operate
[ápərèit]

동 ① 운영하다 ② 작동하다 ③ 수술하다
operation 명 운영; 작용; 수술
The machine can operate at high speeds.
기계는 빠른 속도에서 작동할 수 있다.

유 manage
운영하다

---

population
[pàpjəléiʃən]

명 인구, 주민 수
The world's population has increased greatly.
세계의 인구가 크게 증가했다.

유 public 대중, 국민

---

select
[silékt]

동 선택하다, 고르다
The coach will select the best among players.
감독은 선수들 중에서 최고를 고를 것이다.

유 choose
선택하다

Exercise

A 주어진 단어의 뜻을 영어는 우리말로, 우리말은 영어로 쓰세요.

1 achieve _____

2 characteristic _____

3 deny _____

4 embarrass _____

5 especially _____

6 감사하는, 고마운 _____

7 지도력, 리더십 _____

8 시장, 군수 _____

9 ~을 필요로 하다 _____

10 선택하다, 고르다 _____

B 알맞은 단어를 넣어 주어진 어구를 완성하세요.

1 a(n) _____ tire   바람 빠진 타이어

2 the _____ Age   철기 시대

3 the _____ of the roof   지붕 가장자리

4 a cold _____   추운 기후

5 the _____ of Seoul   서울 인구

6 _____ a machine   기계를 작동하다

7 a giant _____   거대한 은하계

8 _____ books   책을 묶다

9 the _____ industry   연예 산업

10 the _____ cost   전체 비용

C 알맞은 단어를 골라 문장을 완성하세요.

1 They worked hard and (achieved / embarrassed) success.   그들은 열심히 일해서 성공을 거두었다.

2 He is (denying / selecting) robbing the bank.   그는 은행을 턴 것을 부인하고 있다.

3 I'm (flat / grateful) for your kindness.   친절히 대해 주셔서 감사합니다.

4 The country developed fast under his (leadership / mayor).   그 국가는 그의 지도 아래 빠르게 성장했다.

5 The game (requires / operates) great teamwork.   그 경기는 훌륭한 팀워크가 필요하다.

정답 p.120 ➡

Day 12

MP3 듣기 ▶

emperor
[émpərər]

명 황제
An emperor is a man who rules an empire.
황제는 제국을 통치하는 사람이다.

유 ruler 통치자

---

width
[widθ]

명 폭, 너비
The bookcase is two meters in width.
그 책장은 폭이 2미터이다.

---

cycle
[sáikl]

명 ① 주기, 순환 ② 자전거
You will learn about the life cycle of a butterfly in this video.
이 비디오에서 나비의 생애 주기에 대해 배우게 될 것이다.

유 rotation 순환

---

disappoint
[dìsəpɔ́int]

동 실망시키다　disappointment 명 실망, 낙담
The basketball team disappointed its fans.
그 농구팀은 팬들을 실망시켰다.

유 discourage
낙담시키다

---

enemy
[énəmi]

명 적, 원수
The politician made a lot of enemies during his career.
그 정치가는 활동하는 동안 많은 적을 만들었다.

유 rival 라이벌, 적수

---

flame
[fleim]

명 불꽃, 화염
The flames grew higher.
불꽃들이 더 높이 피어났다.

유 spark 불꽃, 불똥

---

hire
[haiər]

동 고용하다
We hired someone to clean our office.
우리는 사무실을 청소할 사람을 고용했다.

유 employ
고용하다

---

genius
[dʒíːnjəs]

명 ① 천재 ② 천재성
Albert Einstein was called a genius.
알버트 아인슈타인은 천재라고 불렸다.

유 prodigy 신동

---

prevent
[privént]

동 막다, 예방하다　prevention 명 예방, 방지
They tried to prevent me from leaving.
그들은 내가 떠나지 못하도록 막으려고 했다.

유 prohibit
막다, 금하다

---

journal
[dʒə́ːrnəl]

명 ① 잡지, 학술지 ② 일기
I have been keeping a journal for 10 years.
나는 10년간 일기를 쓰고 있다.

유 magazine 잡지

laundry
[lɔ́:ndri]

명 ① 세탁물 ② 세탁
There's a pile of dirty laundry in the basket.
바구니에 더러운 세탁물 한 더미가 있다.

---

adapt
[ədǽpt]

동 ① ~을 적응시키다, 적응하다 ② 각색하다
The movie was adapted from the book.
영화는 책에서 각색되었다.

유 adjust 적응하다

---

merchant
[mə́:rtʃənt]

명 상인, 무역상
Several merchants closed their shops.
몇몇 상인들이 상점을 닫았다.

유 trader 상인, 거래자

---

northern
[nɔ́:rðərn]

형 북부의, 북쪽의
Winters are very cold in the northern parts of the country.
그 나라의 북쪽 지방은 겨울에 매우 춥다.

반 southern 남쪽의

---

poison
[pɔ́izən]

명 독, 독약   poisonous 형 유독한, 독성의
Some mushrooms contain poison.
일부 버섯은 독이 있다.

유 venom (뱀 등의) 독

---

handshake
[hǽndʃèik]

명 악수
The man greeted his guests with a handshake.
그 남자는 악수하면서 손님을 맞았다.

---

shadow
[ʃǽdou]

명 ① 그림자 ② 그늘
Part of the road was in shadow.
도로의 일부는 그늘졌다.

유 shade 그늘

---

confuse
[kənfjú:z]

동 ① 혼란시키다 ② 당황하게 하다   confusion 명 혼란, 혼동
I was so confused and didn't know what to do.
나는 너무 혼란스러웠고 어떻게 해야 할지 몰랐다.

유 disturb 혼란시키다

---

smooth
[smu:ð]

형 부드러운, 매끄러운
The road was flat and smooth.
도로는 편평하고 매끄러웠다.

반 rough 거친

---

theory
[θí(:)əri]

명 이론, 가설
His method is based on the theory.
그의 방법은 이론에 기반을 두고 있다.

참 practice 실행, 실시

Exercise

A 주어진 단어의 뜻을 영어는 우리말로, 우리말은 영어로 쓰세요.

1 shadow _____ 6 폭, 너비 _____

2 poison _____ 7 혼란시키다, 당황하게 하다 _____

3 merchant _____ 8 실망시키다 _____

4 flame _____ 9 천재, 천재성 _____

5 enemy _____ 10 잡지, 학술지 _____

B 알맞은 단어를 넣어 주어진 어구를 완성하세요.

1 _____ workers 노동자를 고용하다 6 the _____ of the seasons 계절의 순환

2 do the _____ 세탁을 하다 7 the _____ Hemisphere 북반구

3 a Roman _____ 로마 황제 8 a scientific _____ 과학 이론

4 have a firm _____ 힘 있게 악수하다 9 _____ injuries 부상을 예방하다

5 _____ to new custom 새로운 관습에 적응하다 10 a(n) _____ surface 매끄러운 표면

C 알맞은 단어를 골라 문장을 완성하세요.

1 He (confused / adapted) me with someone else. 그는 나를 다른 사람으로 착각했다.

2 The test results were (disappointing / preventing). 시험 결과는 실망스러웠다.

3 One of our soldiers was killed by the (emperor / enemy). 우리 군인 중 한 명이 적에게 살해당했다.

4 Isaac Newton was a great scientific (genius / theory). 아이작 뉴턴은 위대한 과학 천재였다.

5 He sucked (cycle / poison) from a snake bite. 그는 뱀에 물린 곳의 독을 빨아 제거했다.

정답 p.121 ➡

51

Day 13

MP3 듣기 ▶

microscope
[máikrəskòup]

ⓐ 현미경
We looked at the blood samples through the **microscope**.
우리는 현미경으로 혈액 샘플을 보았다.

cushion
[kúʃən]

ⓐ 방석, 쿠션
There is a **cushion** under the couch.
소파 아래에 쿠션이 있다.

참 couch
긴 의자, 소파

active
[ǽktiv]

ⓗ 활동적인, 활발한
Only a few are **active** participants.
단지 몇 명만 활동적인 참가자들이다.

유 energetic
활동적인

percent
[pərsént]

ⓐ 퍼센트
They offer a 10 **percent** discount.
그들은 10퍼센트 할인을 제공한다.

consider
[kənsídər]

ⓔ ① 고려하다 ② 여기다, 간주하다
She is **considering** selling her car.
그녀는 차를 파는 것을 고려하고 있다.

유 regard 간주하다

favor
[féivər]

ⓐ ① 부탁 ② 호의, 친절 ⓔ 찬성하다
Could you do me a **favor**?
부탁 좀 들어 주시겠어요?

display
[displéi]

ⓔ ① 전시하다 ② 표현하다
The artist **displayed** some of his paintings at the gallery.
화가는 갤러리에 자신의 그림 몇 점을 전시했다.

유 exhibit 전시하다

ankle
[ǽŋkl]

ⓐ 발목
I think I broke my **ankle**.
발목이 부러진 것 같다.

참 wrist
손목

limit
[límit]

ⓐ ① 제한, 한계 ② 범위, 구역 ⓔ 한정하다
They set a time **limit** of 45 minutes for the test.
그들은 시험에 대해 45분의 시간제한을 두었다.

유 restriction
제한

praise
[preiz]

ⓔ 칭찬하다 ⓐ 칭찬
My parents **praised** my homework.
부모님께서 내 숙제에 대해 칭찬해 주셨다.

반 blame 비난하다

wheat
[*h*wiːt]

명 밀
Winter **wheat** is harvested in the summer.
겨울 밀은 여름에 수확된다.

참 barley 보리

---

employ
[implɔ́i]

동 고용하다　　**employment** 명 고용, 취업
We should **employ** someone to manage the program.
프로그램을 관리할 누군가를 고용해야 한다.

유 hire 고용하다

---

loyal
[lɔ́iəl]

형 충성스러운, 충실한
They are all **loyal** supporters of the team.
그들은 모두 팀의 충성스러운 지지자들이다.

유 faithful 충실한

---

reward
[riwɔ́ːrd]

명 보수, 보상, 대가　동 보답하다, 보상하다
The prize was a **reward** for all my hard work.
상은 내가 열심히 일한 것에 대한 대가였다.

유 prize 상, 상품

---

blame
[bleim]

동 비난하다, ~을 탓하다　명 ① 비난 ② 책임
You should not **blame** all your problems on your wife.
너의 모든 문제에 대해 네 부인을 탓하면 안 된다.

유 criticize
비난하다

---

mask
[mæsk]

명 가면, 마스크
All the participants wore **masks** for disguise.
모든 참가자들은 위장을 위해 마스크를 썼다.

---

highlight
[háilàit]

동 강조하다　명 가장 중요한 점
I saw the **highlights** of the program.
나는 그 프로그램의 하이라이트를 보았다.

유 stress 강조하다

---

measure
[méʒər]

동 측정하다　명 ① 조치, 정책 ② 치수, 양
The meter is a **measure** of length.
미터는 길이를 나타내는 치수이다.

참 procedure
절차, 방법

---

pride
[praid]

명 자부심, 자존심, 자랑
You showed a great **pride** in your family.
너는 가족에 대해 엄청난 자부심을 보였다.

유 self-respect
자존심

---

wooden
[wúdən]

형 나무의, 목재의
I have two **wooden** chairs.
나는 나무로 만든 의자 2개가 있다.

참 timber
재목, 목재

A 주어진 단어의 뜻을 영어는 우리말로, 우리말은 영어로 쓰세요.

1 cushion _____
2 display _____
3 limit _____
4 praise _____
5 pride _____

6 강조하다, 가장 중요한 점 _____
7 충성스러운, 충실한 _____
8 가면, 마스크 _____
9 보수, 대가, 보답하다 _____
10 밀 _____

B 알맞은 단어를 넣어 주어진 어구를 완성하세요.

1 a(n) _____ horse   목마
2 rise by 30 _____   30퍼센트 증가하다
3 an electronic _____   전자 현미경
4 _____ a distance   길이를 측정하다
5 ask a(n) _____ of you   부탁을 하다

6 hold my _____   발목을 잡다
7 _____ a lawyer   변호사를 고용하다
8 _____ a plan   계획을 고려하다
9 deserve _____   비난받을 만하다
10 a(n) _____ volcano   활화산

C 알맞은 단어를 골라 문장을 완성하세요.

1 He (highlighted / favored) the importance of education.   그는 교육의 중요성을 강조했다.
2 He finished the test within the time (limit / mask).   그는 제한 시간 내에 시험을 끝냈다.
3 She (considered / praised) his cooking.   그녀는 그의 요리를 칭찬했다.
4 He will be (rewarded / measured) for his effort.   그는 노력에 대한 보상을 받을 것이다.
5 Dolls are (displayed / blamed) in the store window.   인형이 가게 쇼윈도에 전시되어 있다.

정답 p.121 ➡

Day 14

MP3 듣기 ▶

---

border
[bɔ́ːrdər]

몡 ① 경계, 가장자리 ② 국경
You can't cross the border without a passport.
여권 없이는 국경을 건널 수 없다.

㊀ boundary 경계

---

assistant
[əsístənt]

몡 조수, 보조자　　assistance 몡 지원, 도움
She was an assistant to the college president.
그녀는 대학 총장의 비서였다.

---

recognize
[rékəgnàiz]

동 ① 인정하다 ② 알다, 인식하다
I didn't recognize you at first.
처음에 당신을 알아보지 못했어요.

㊀ identify
확인하다

---

emergency
[imə́ːrdʒənsi]

몡 비상사태
In an emergency, call my number.
긴급 상황인 경우 내 번호로 전화하세요.

㊀ crisis 위기, 고비

---

client
[kláiənt]

몡 고객, 의뢰인
He has been a client of this law firm.
그는 이 법률 회사의 고객이었다.

㊀ customer
고객, 손님

---

entire
[intáiər]

혱 ① 전체의 ② 완전한
We'll spend the entire afternoon watching a tennis game.
우리는 오후 내내 테니스 경기를 볼 것이다.

㊀ whole 전체의

---

contact
[kántækt]

몡 ① 접촉 ② 연락 동 접촉하다
I'm still in contact with him.
나는 아직도 그와 연락을 하고 있다.

㊀ connection
연결, 접속

---

decision
[disíʒən]

몡 ① 결정 ② 판결　　decide 동 결정하다
My father had to make a difficult decision.
아버지는 힘든 결정을 해야 했다.

---

lay
[lei]

동 ① ~을 놓다 ② (알을) 낳다 (lay - laid - laid)
She laid the baby on a bed.
그녀는 아이를 침대 위에 눕혔다.

㊀ set 놓다

---

advantage
[ədvǽntidʒ]

몡 ① 이점, 우위 ② 이익
Speed is an advantage in most sports.
대부분의 스포츠에서 스피드는 이점이 있다.

㊁ disadvantage
불리, 약점

---

fairy
[fέ(:)əri]

몡 요정
A fairy is an imaginary creature.
요정은 상상의 생명체이다.

유 elf 작은 요정

---

rise
[raiz]

동 ① 오르다, 뜨다 ② 일어나다 (rise - rose - risen) 몡 상승, 증대
Gasoline prices are rising slowly.
휘발유 가격이 서서히 오르고 있다.

참 raise 들어 올리다

---

glory
[gló:ri]

몡 영광, 영예
The sculptures remind me of the glory of the empire.
조각상들은 제국의 영광을 떠오르게 한다.

유 honor 명예, 영광

---

influence
[ínfluəns]

몡 영향, 작용
Her health problems had some influence on her decision.
건강 문제가 그녀의 결정에 영향을 미쳤다.

유 effect 영향

---

stripe
[straip]

몡 줄무늬
He's wearing a blue shirt with white stripes.
그는 흰색 줄무늬가 있는 파란 셔츠를 입고 있다.

---

muscle
[mΛsl]

몡 근육
This exercise is good for building muscle.
이 운동은 근육을 만드는 데 좋다.

참 bone 뼈, 골격

---

observe
[əbzə́:rv]

동 ① 보다, 관찰하다 ② 지키다, 준수하다 observation 몡 관찰
Children learn by observing their parents.
아이들은 그들의 부모님을 보면서 배운다.

---

policy
[páləsi]

몡 정책, 방침
You should know the company policy.
당신은 회사의 방침을 알아야 합니다.

유 rule 규칙, 규정

---

flash
[flæʃ]

몡 번쩍임, 섬광 동 번쩍이다, 빛나다
The fireworks flashed in the sky.
폭죽이 하늘에서 번쩍였다.

---

scene
[si:n]

몡 ① 장소, 현장 ② 장면 ③ 경치
I don't remember the opening scene of *Macbeth*.
〈맥베스〉의 첫 장면이 기억나지 않는다.

유 site 장소, 현장

A 주어진 단어의 뜻을 영어는 우리말로, 우리말은 영어로 쓰세요.

1 advantage _____

2 assistant _____

3 client _____

4 fairy _____

5 glory _____

6 영향, 작용 _____

7 ~을 놓다, (알을) 낳다 _____

8 인정하다, 알다, 인식하다 _____

9 오르다, 일어나다, 상승 _____

10 줄무늬 _____

B 알맞은 단어를 넣어 주어진 어구를 완성하세요.

1 _____ information 연락처

2 a quick _____ 신속한 결정

3 a(n) _____ room 응급실

4 a(n) _____ of lightning 번갯불의 번쩍임

5 _____ fibers 근섬유

6 _____ stars 별을 관찰하다

7 foreign _____ 외교 정책

8 a chase _____ (영화 속의) 추격 장면

9 the _____ city 도시 전체

10 _____ guards 국경 경비대

C 알맞은 단어를 골라 문장을 완성하세요.

1 The lawyer is meeting with her (client / fairy). 변호사는 의뢰인과 만나는 중이다.

2 The doctor is working with his (stripe / assistant) in the lab. 박사는 실험실에서 조수와 일하고 있다.

3 Last night, the little girl dreamed about a (fairy / rise). 지난밤 어린 소녀는 요정 꿈을 꿨다.

4 Some TV programs have bad (muscle / influence) on children. 몇몇 TV 프로그램은 아이들에게 악영향을 미친다.

5 I couldn't (recognize / lay) her voice. 나는 그녀의 목소리를 알아들을 수 없었다.

정답 p.121 ➡

Day 15

bomb
[bɑm]

몡 폭탄 동 ① 폭격하다 ② 폭발하다
This looks like a bomb.
이것은 폭탄처럼 보인다.

---

wisdom
[wízdəm]

몡 지혜
William is a young person with great wisdom.
윌리엄은 아주 지혜로운 청년이다.

참 insight 통찰력

---

adjust
[ədʒʌ́st]

동 ① 적응하다 ② 조절하다
I adjusted the volume on the radio.
나는 라디오 볼륨을 조절했다.

유 adapt
적응시키다

---

faith
[feiθ]

몡 ① 믿음, 신뢰 ② 신앙   faithful 혱 충실한
Her faith has given her the courage.
그녀는 믿음 때문에 용기가 생겼다.

유 trust 신뢰, 신임

---

custom
[kʌ́stəm]

몡 ① 관습 ② 습관
It is a custom handed down through the generations.
그것은 여러 세대를 거쳐 내려온 관습이다.

유 tradition 전통

---

cheat
[tʃiːt]

동 ① 속이다, 사기 치다 ② 부정행위를 하다 몡 속임수, 사기
The student had to cheat to pass the test.
그 학생은 시험에 통과하기 위해 부정행위를 해야 했다.

유 deceive 속이다

---

distance
[dístəns]

몡 거리, 간격   distant 혱 거리가 먼
The doctor had to drive long distances.
그 의사는 먼 거리를 운전해야 했다.

---

entrance
[éntrəns]

몡 ① 입구 ② 입장, 입학, 입회   enter 동 들어가다
We'll meet our guests at the main entrance.
우리는 정문에서 손님들을 만날 것이다.

반 exit 출구

---

blend
[blend]

동 섞다, 혼합하다 몡 혼합
Their music is a blend of rock and jazz.
그들의 음악은 록과 재즈를 섞은 것이다.

유 mix 섞다

---

flow
[flou]

몡 흐름 동 흐르다
The river flows through two countries.
강은 두 나라를 관통하여 흐른다.

유 current 흐름

livestock
[láivstàk]
명 가축
They protect livestock from wolves.
그들은 늑대로부터 가축을 보호한다.

jealous
[dʒéləs]
형 질투하는, 시기하는　jealousy 명 질투, 시샘
She was very jealous of her friend.
그녀는 친구를 매우 질투했다.
유 envious
부러워하는

mess
[mes]
명 엉망, 혼란
Go and clean up that mess in the kitchen.
가서 부엌 좀 치우세요.
유 confusion 혼란

politics
[pálitiks]
명 정치(학)　political 형 정치의
The student wanted to study politics at Chicago University.
그 학생은 시카고 대학교에서 정치학을 공부하고 싶어 했다.
참 economics
경제(학)

proper
[prápər]
형 적절한, 적합한
The kids need to learn proper behavior.
아이들은 적절한 행동을 배워야 한다.
반 improper
부적절한

human
[hjú:mən]
명 사람, 인간　형 ① 인간의 ② 인간적인
humanity 명 인류; 인간성
The new law will improve human rights.
새로운 법은 인간의 권리를 향상시킬 것이다.
유 person
사람, 개인

responsibility
[rispànsəbíləti]
명 책임, 의무　responsible 형 책임이 있는
The librarian has responsibility for collecting books.
그 사서는 책을 취합하는 일을 맡고 있다.
유 duty 의무, 임무

similar
[símələr]
형 비슷한, 유사한　similarly 부 비슷하게
He and his brother have similar views on the news.
그와 그의 형은 뉴스에 대해 비슷한 의견을 갖고 있다.

situation
[sìtʃuéiʃən]
명 상황, 상태
The country's is facing a difficult economic situation.
그 나라는 어려운 경제적 상황에 직면해 있다.
유 state 상태, 형편

path
[pæθ]
명 길, 경로
The path leads to the hill.
그 길은 언덕으로 이어진다.
유 route 길, 노선

Exercise

A 주어진 단어의 뜻을 영어는 우리말로, 우리말은 영어로 쓰세요.

1 similar _____
2 responsibility _____
3 path _____
4 mess _____
5 livestock _____

6 섞다, 혼합하다 _____
7 폭탄, 폭격하다 _____
8 속이다, 속임수, 사기 _____
9 입구, 입장, 입학, 입회 _____
10 흐름, 흐르다 _____

B 알맞은 단어를 넣어 주어진 어구를 완성하세요.

1 _____ to school   학교에 적응하다
2 a local _____   지역의 관습
3 a short _____   짧은 거리
4 religious _____   종교적 신념
5 a(n) _____ brain   인간의 뇌

6 feel _____   질투심을 느끼다
7 a degree in _____   정치학 학위
8 take _____ action   적절한 조치를 취하다
9 a dangerous _____   위험한 상황
10 _____ of life   삶의 지혜

C 알맞은 단어를 골라 문장을 완성하세요.

1 A plane dropped many (paths / bombs) on the city.   비행기가 그 도시에 많은 폭탄을 투하했다.

2 The (entrance / situation) fee is 10 dollars.   입장료는 10달러이다.

3 I have many (livestock / responsibilities) as a teacher.   나는 교사로서 해야 할 일이 많다.

4 Mary and Susie look (jealous / similar).   메리와 수지는 비슷하게 생겼다.

5 His hair was a (mess / cheat).   그의 머리는 엉망진창이었다.

정답 p.121➡

A 주어진 단어와 알맞은 뜻을 찾아 연결하세요.

1	bind	•	• 측정하다	6 wooden	•	• 관찰하다
2	emperor	•	• 기후, 날씨	7 decision	•	• 관습, 습관
3	climate	•	• 예방하다	8 custom	•	• 인간
4	measure	•	• 묶다	9 observe	•	• 결정
5	prevent	•	• 황제	10 human	•	• 목재의

B 단어의 관계에 맞게 빈칸을 채우세요.

1 smooth : _____ = total : partial

2 select : choose = adapt : _____

3 thankful : _____ = loyal : faithful

4 reward : _____ = path : route

5 confusion : mess = _____ : current

6 border : boundary = _____ : whole

7 _____ : achievement = deny : denial

8 poison : poisonous = jealousy : _____

9 entertain : _____ = employ : employment

10 _____ : elf = influence : effect

C 알맞은 단어를 넣어 문장을 완성하세요.

1 He didn't want to _____ her. 그는 그녀를 당황스럽게 하고 싶지 않았다.

2 There is a difference between _____ and practice. 이론과 실제에는 차이가 있다.

3 She takes _____ in her family. 그녀는 자신의 가족에 대한 자부심이 있다.

4 These birds _____ about three eggs a year. 이 새들은 1년에 약 3개의 알을 낳는다.

5 He tried to _____ traditional and modern music. 그는 전통 음악과 현대 음악을 섞으려고 했다.

정답 p.121 ➡

Vocabulary Plus

☐ **bring up** 양육하다, 기르다	Noah was **brought up** in Canada. 노아는 캐나다에서 자랐다.	
☐ **clean up** 깨끗이 청소하다	I **clean up** my room every day. 나는 매일 내 방을 청소한다.	
☐ **go up** 오르다, 상승하다	Food prices will **go up**. 식품 가격이 오를 것이다.	
☐ **grow up** 성장하다	Emma wants to be a doctor when she **grows up**. 엠마는 자라서 의사가 되기를 원한다.	
☐ **pick up** ~을 차에 태우다	I will **pick** you **up** at 7 p.m. 내가 오후 7시에 너를 데리러 갈 것이다.	
☐ **put up** (텐트 등을) 치다	I don't know how to **put up** a tent. 나는 텐트 치는 법을 모른다.	
☐ **wake up** 깨우다, 일어나다	Please **wake** me **up** at 5. 5시에 나를 깨워 주세요.	
☐ **cut in** 새치기하다, 끼어들다	He **cut in** line. 그는 새치기를 했다.	
☐ **move in** 이사 오다	When did you **move in** here? 당신은 언제 이곳으로 이사 왔나요?	
☐ **join in** ~에 참여하다	I want to **join in** the baseball game. 나는 야구 게임에 참여하고 싶다.	

✎ Check-up Test

1 Mr. Miller ＿＿＿＿＿＿＿ ＿＿＿＿＿＿＿ two daughters.

밀러 씨는 두 딸을 길렀다.

2 I ＿＿＿＿＿＿＿ ＿＿＿＿＿＿＿ my house all day long.

나는 하루 종일 우리 집을 깨끗이 청소했다.

3 Could you ＿＿＿＿＿＿＿ me ＿＿＿＿＿＿＿ at 9 a.m.?

오전 9시에 나를 태우러 올 수 있니?

4 We ＿＿＿＿＿＿＿ ＿＿＿＿＿＿＿ Seoul three months ago.

우리는 3개월 전에 서울로 이사 왔다.

5 Many foreigners will ＿＿＿＿＿＿＿ ＿＿＿＿＿＿＿ the discussion.

많은 외국인들이 토론에 참여할 것이다.

정답 p.122 ➡

Chapter 04

Day 16
~
Day 20

Day 16

MP3 듣기 ▶

while
[hwail]

㉑ ① ~하는 동안에 ② ~에 반하여
I sprained my ankle while playing soccer.
축구를 하는 동안에 발목을 삐었다.

beard
[biərd]

㉢ 턱수염
She doesn't like his thick white beard.
그녀는 그의 두껍고 흰 수염을 좋아하지 않는다.

㉵ mustache
콧수염

court
[kɔːrt]

㉢ ① (테니스·농구) 코트 ② 법정, 법원
A group of lawyers will appear in court tomorrow.
변호사 일행이 내일 법정에 나타날 것이다.

affect
[əfékt]

㉠ 영향을 주다
The disease can affect many different organs of the body.
그 질병은 몸의 여러 기관에 영향을 줄 수 있다.

desert
[dézərt]

㉢ 사막 ㉠ 버리다
The team members were lost in the desert for two days.
팀원들은 이틀 동안 사막에서 길을 잃었다.

㉴ waste 황무지

empire
[émpaiər]

㉢ 제국
We saw the collapse of the Soviet Empire.
우리는 소비에트 제국의 붕괴를 보았다.

㉴ kingdom 왕국

fold
[fould]

㉠ 접다, 포개다
Fold the paper in half.
종이를 반으로 접으세요.

㉵ bend 구부리다

exact
[igzǽkt]

㉡ 정확한, 정밀한
I can't remember the exact date.
정확한 날짜는 기억나지 않는다.

㉴ accurate
정확한

generation
[ʤènəréiʃən]

㉢ 세대
The family has lived in the same house for three generations.
그 가족은 3세대 동안 같은 집에 살았다.

㉴ period
기간, 시대

survey
[sə́ːrvei]

㉠ ① 조사하다 ② 측량하다 ㉢ ① 조사 ② 측량
The man was surveying the damage from the fire.
남자는 화재의 피해를 조사하고 있었다.

issue
[íʃuː]

명 ① 주제, 논점 ② (출판물의) 호 동 ① 발표하다 ② 발행하다
He is interested in a variety of social issues.
그는 다양한 사회 문제에 관심이 있다.

유 topic 화제, 주제

leader
[líːdər]

명 지도자, 리더　lead 동 이끌다, 선도하다
They were leaders, not followers.
그들은 추종자가 아니라 리더였다.

반 follower 추종자

postpone
[poustpóun]

동 연기하다, 미루다
The sporting event was postponed.
그 스포츠 행사가 연기되었다.

유 delay 연기하다

generous
[dʒénərəs]

형 관대한, 후한　generously 부 관대하게
He is generous with his money.
그는 그의 돈에 후하다.

plenty
[plénti]

명 많음, 충분
We have plenty of time to finish the work.
우리는 그 일을 끝낼 시간이 충분하다.

유 abundance
풍부

riddle
[rídl]

명 수수께끼
Are you good at solving riddles?
수수께끼를 잘 푸시나요?

유 puzzle
퍼즐, 수수께끼

reduce
[ridʒúːs]

동 줄이다, 축소하다
The company has reduced its size.
회사는 규모를 줄였다.

유 lessen 줄이다

length
[leŋkθ]

명 ① 길이 ② 기간　lengthen 동 연장하다
The swimming pool is 83 feet in length.
수영장의 길이는 83피트(약 25미터)이다.

참 width 폭, 넓이

rotate
[róuteit]

동 ① 회전하다 ② 교대하다
The earth rotates around the sun.
지구는 태양 주위를 회전한다.

유 spin 회전하다

mission
[míʃən]

명 ① 임무, 사명 ② 전도, 포교
His mission is to find rare stones.
그의 임무는 희귀한 돌을 찾는 것이다.

유 task 일, 직무

A 주어진 단어의 뜻을 영어는 우리말로, 우리말은 영어로 쓰세요.

1 affect _____

2 desert _____

3 generous _____

4 length _____

5 reduce _____

6 임무, 사명, 포교 _____

7 수수께끼 _____

8 회전하다, 교대하다 _____

9 조사하다, 측량하다 _____

10 ~하는 동안에 _____

B 알맞은 단어를 넣어 주어진 어구를 완성하세요.

1 _____ of time 넉넉한 시간

2 _____ a meeting 회의를 늦추다

3 grow a _____ 턱수염을 기르다

4 a tennis _____ 테니스 코트

5 _____ a passport 여권을 발행하다

6 a political _____ 정치 지도자

7 the Roman _____ 로마 제국

8 a(n) _____ description 정확한 묘사

9 _____ a piece of paper 종이를 접다

10 the young _____ 젊은 세대

C 알맞은 단어를 골라 문장을 완성하세요.

1 She is very (generous / plenty) toward the poor.　　　그녀는 가난한 사람들에게 잘 베푼다.

2 We must do our best to (affect / reduce) crime.　　　우리는 범죄를 줄이기 위해 최선을 다해야 한다.

3 Our (mission / desert) is to educate poor children.　　　우리의 임무는 가난한 아이들을 가르치는 것이다.

4 The earth (reduces / rotates) on its axis.　　　지구는 축을 중심으로 회전한다.

5 What is its (length / court)?　　　길이가 얼마인가요?

정답 p.122 ➡

alcohol
[ǽlkəhɔ(ː)l]

몡 술, 알코올
He doesn't drink alcohol any more.
그는 더 이상 술을 마시지 않는다.

countryside
[kʌ́ntrisàid]

몡 시골, 전원 지역
This countryside provides us with some great views.
이 시골 지역은 우리에게 멋진 전망을 제공해 준다.

envy
[énvi]

동 부러워하다 몡 질투, 시샘
Other girls looked at her with envy.
다른 소녀들이 그녀를 질투의 눈으로 보았다.

유 jealousy
질투, 시기

mechanic
[məkǽnik]

몡 정비사, 기계공　mechanical 혱 기계적인
My father was a car mechanic when I was young.
내가 어렸을 때 아버지는 자동차 정비사였다.

참 engineer 기술자

belong
[bilɔ́(ː)ŋ]

동 속하다, 소속하다　belongings 몡 소유물, 소지품
Where do these cups belong?
이 컵들은 어디에 있던 건가요?

deal
[diːl]

몡 거래, 계약 동 다루다, 취급하다 (deal - dealt - dealt)
We finally agreed on the deal.
우리는 마침내 거래에 합의했다.

유 contract 계약

interested
[íntərəstid]

혱 관심 있는, 흥미 있는
Janet has always been interested in sports.
재닛은 항상 스포츠에 관심이 있었다.

string
[striŋ]

몡 ① 끈, 줄, 실 ② 일련, 한 줄
A worker tied a string around the boxes.
작업자가 박스를 줄로 묶었다.

유 rope 밧줄

exist
[igzíst]

동 존재하다　existence 몡 존재
The Internet didn't exist when I was young.
내가 어렸을 때는 인터넷이 존재하지 않았다.

drug
[drʌg]

몡 ① 약, 약품 ② 마약
He has never taken any illegal drugs.
그는 어떤 불법적인 약이라도 복용한 적이 없다.

유 medicine 약

honor
[ánər]

몡 ① 명예, 명성 ② 영광 ③ 존경, 경의   동 존경하다
It was an honor to be invited.
초대받아서 영광이었다.

반 dishonor
불명예

---

worse
[wəːrs]

형 더 나쁜, 더 심한
Your situation is even worse than mine.
당신의 상황이 내 상황보다 훨씬 더 안 좋다.

반 better 더 나은

---

beverage
[bévəridʒ]

몡 마실 것, 음료
Beverages are listed on the back of the menu.
음료는 메뉴 뒤쪽에 나와 있다.

유 drink 음료

---

normal
[nɔ́ːrməl]

형 보통의, 정상적인
Normal working hours are 9 hours a day.
정상 근무 시간은 하루에 9시간이다.

유 ordinary 보통의

---

pollution
[pəljúːʃən]

몡 오염, 공해   pollute 동 오염시키다
It has caused pollution of the air and water.
그것은 공기 오염과 수질 오염을 유발했다.

---

formal
[fɔ́ːrməl]

형 ① 공식적인 ② 형식적인
She didn't have a formal contract.
그녀는 정식 계약을 하지 않았다.

유 official 공식적인

---

program
[próugræm]

몡 ① 프로그램, 진행표 ② 계획, 예정
Did you see the program last night?
어젯밤에 그 프로그램 봤어?

유 schedule
스케줄, 일정

---

punish
[pʌ́niʃ]

동 처벌하다, 혼내다   punishment 몡 처벌, 체벌
George had to punish his children.
조지는 아이들을 혼내야 했다.

반 forgive 용서하다

---

secretary
[sékrətèri]

몡 ① 비서 ② 장관
His secretary will answer phone calls and arrange meetings.
그의 비서가 전화를 받고 회의를 잡을 것이다.

---

opposite
[ápəzit]

형 ① 정반대의 ② 맞은편의   전 맞은편에
There is a post office on the opposite side of the road.
길 맞은편에 우체국이 하나 있다.

유 contrary 반대의

Exercise

A 주어진 단어의 뜻을 영어는 우리말로, 우리말은 영어로 쓰세요.

1 worse _____ 6 명예, 명성 _____

2 string _____ 7 부러워하다, 질투 _____

3 secretary _____ 8 시골, 전원 지역 _____

4 opposite _____ 9 마실 것, 음료 _____

5 exist _____ 10 속하다, 소속하다 _____

B 알맞은 단어를 넣어 주어진 어구를 완성하세요.

1 _____ abuse 알코올 남용 6 an automotive _____ 자동차 정비사

2 _____ with a problem 문제를 다루다 7 a(n) _____ day 평범한 날

3 _____ addiction 약물 중독 8 noise _____ 소음 공해

4 a(n) _____ event 공식 행사 9 a radio _____ 라디오 프로그램

5 _____ in sports 스포츠에 관심 있는 10 _____ a criminal 범죄자를 처벌하다

C 알맞은 단어를 골라 문장을 완성하세요.

1 This book (belongs / deals) to me. 이 책은 내 것이다.

2 My grandparents live in the (countryside / beverage). 우리 조부모님은 시골에 사신다.

3 They (existed / envied) his success. 그들은 그의 성공을 시샘했다.

4 Mike is sitting (honor / opposite) Susie. 마이크는 수지의 맞은편에 앉아 있다.

5 Jane is working as a (string / secretary). 제인은 비서로 일하고 있다.

정답 p.122

Day 18

MP3 듣기 ▶

---

charity
[tʃǽrəti]

⑲ ① 자선 ② 자선기금, 자선 단체
The player donated the prize money to a **charity**.
그 선수는 상금을 자선 단체에 기부했다.

---

error
[érər]

⑲ 실수, 오류
The newsletter contains a number of typing **errors**.
그 소식지에는 많은 철자 오류가 있다.

㉴ mistake
실수, 잘못

---

pitch
[pitʃ]

⑧ 던지다 ⑲ 최고도, 절정
My brother **pitched** the empty bottle into the lake.
남동생이 호수에 빈 병을 던졌다.

㉴ throw 던지다

---

fare
[fɛər]

⑲ 요금, 운임
He cannot afford the ship **fare**.
그는 뱃삯을 낼 형편이 안 된다.

㉴ fee 요금

---

detail
[ditéil]

⑲ 세부 사항   **detailed** ⑲ 상세한
Full **details** will be announced soon.
전체 세부 사항이 곧 발표될 것이다.

---

beg
[beg]

⑧ ① 청하다, 부탁하다 ② 구걸하다
We **begged** her to come back to our team.
우리는 그녀에게 우리 팀으로 돌아와 달라고 간곡히 부탁했다.

㉴ request
요청하다

---

disaster
[dizǽstər]

⑲ 재난, 재해
Many people had lost all in the **disaster**.
많은 사람들이 그 재해로 인해 모든 걸 잃었다.

---

elevator
[éləvèitər]

⑲ 엘리베이터, 승강기
I took the **elevator** to the 15th floor.
나는 15층까지 엘리베이터를 탔다.

㉴ lift 승강기

---

strip
[strip]

⑧ 벗다, 벗기다
They spent the weekend **stripping** wallpaper.
그들은 주말을 벽지를 벗기는 데 보냈다.

---

frame
[freim]

⑲ ① 틀, 액자 ② 뼈대, 골조
The window **frames** need painting.
창문틀은 페인트칠을 해야 한다.

---

instrument
[ínstrəmənt]

몡 ① 기구, 도구 ② 악기
Can you play any instrument?
연주할 수 있는 악기가 있으세요?

㊫ device
장치, 기구

adopt
[ədápt]

동 ① 채택하다 ② 입양하다   **adoption** 몡 채택; 양자 입양
The couple decided to adopt a child.
그 커플은 아이를 입양하기로 결정했다.

layer
[léiər]

몡 층, 겹, 막
The cake has three layers.
그 케이크는 3층으로 되어 있다.

leisure
[líːʒər]

몡 여가, 한가한 시간
He doesn't have much time for leisure.
그는 여가 시간이 많지 않다.

㊫ rest 휴식

minor
[máinər]

혱 ① 소수의 ② 사소한, 중요하지 않은   **minority** 몡 소수; 소수 민족
Your role in the project is minor.
그 프로젝트에서 당신의 역할은 사소한 것이다.

permission
[pərmíʃən]

몡 허가, 허락   **permit** 동 허가하다
They finally got permission from the city.
그들은 마침내 시로부터 허가를 받았다.

reaction
[riǽkʃən]

몡 ① 반응 ② 반작용, 반발
Her reaction to the news was quick.
뉴스에 대한 그녀의 반응은 빨랐다.

㊫ response
반응, 응답

reflect
[riflékt]

동 ① 반사하다 ② 반영하다 ③ 숙고하다
reflection 몡 반사; 반영; 심사숙고
The book did not reflect his views.
그 책은 그의 견해를 반영하지는 않았다.

theme
[θiːm]

몡 주제, 테마
The theme in his recent novel is loss.
그의 최근 소설의 주제는 상실이다.

㊫ subject 주제

rival
[ráivəl]

몡 경쟁자, 라이벌
The two teams have been rivals since 1996.
1996년 이후로 그 두 팀은 라이벌이었다.

㊫ competitor
경쟁자

A 주어진 단어의 뜻을 영어는 우리말로, 우리말은 영어로 쓰세요.

1 frame   _____

2 layer   _____

3 leisure   _____

4 permission   _____

5 reaction   _____

6 부탁하다, 구걸하다   _____

7 반사하다, 숙고하다   _____

8 벗다, 벗기다   _____

9 주제, 테마   _____

10 경쟁자, 라이벌   _____

B 알맞은 단어를 넣어 주어진 어구를 완성하세요.

1 correct a(n) _____   오류를 수정하다

2 a bus _____   버스 요금

3 _____ a ball   공을 던지다

4 a(n) _____ problem   사소한 문제

5 a musical _____   악기

6 _____ a pet   애완동물을 입양하다

7 a(n) _____ event   자선 행사

8 the _____ of the plan   계획의 세부 사항

9 a natural _____   자연 재해

10 hold the _____   엘리베이터를 멈추다

C 알맞은 단어를 골라 문장을 완성하세요.

1 The damage to the ozone (layer / frame) is serious.   오존층 손상이 심각하다.

2 Their (reaction / rival) to the plan was negative.   그 계획에 대한 그들의 반응은 부정적이었다.

3 He asked for my (pitch / permission) to go home early.   그는 집에 일찍 가기 위해 나에게 허락을 구했다.

4 A homeless man was (begging / reflecting) for money.   노숙자가 돈을 구걸하고 있었다.

5 I have no (theme / leisure) to read a book.   나는 책을 읽을 시간이 없다.

정답 p.122 ➡

Day 19

MP3 듣기 ▶

breath
[breθ]

® 숨, 호흡　**breathe** ⑧ 숨 쉬다
I took a deep breath before the test.
시험 전에 나는 심호흡을 했다.

---

suitcase
[sjú:tkèis]

® 여행 가방
He doesn't know how to pack a suitcase.
그는 여행 가방을 어떻게 싸야 하는지 모른다.

---

hardly
[há:rdli]

⊕ 거의 ~ 아니다
My father could hardly sleep on the sofa.
아버지는 소파에서 거의 주무실 수 없었다.

⑩ scarcely
거의 ~ 아니다

---

basis
[béisis]

® ① 기초, 근거 ② 원리, 기준　**basic** ⑱ 기본적인
We go for a walk on a regular basis.
우리는 규칙적으로 산책한다.

⑩ foundation
토대, 근거

---

confident
[kánfidənt]

⑱ ① 확신하는 ② 자신 있는　**confidence** ® 자신감; 신뢰
Mrs. Lawrence is confident of success.
로렌스 씨는 성공을 확신한다.

⑩ sure 확신하는

---

ruin
[rú(:)in]

⑧ 파괴하다, 망치다 ® 파괴, 붕괴
The children completely ruined the flowers.
아이들이 꽃을 완전히 망쳤다.

⑩ destroy
파괴하다

---

decoration
[dèkəréiʃən]

® ① 장식(물) ② 훈장, 메달　**decorate** ⑧ 장식하다, 꾸미다
Our students were putting up Christmas decorations.
우리 학생들은 크리스마스 장식을 달고 있었다.

---

afford
[əfɔ́:rd]

⑧ ~할 여유가 있다
The store is able to afford the rent.
그 상점은 세를 낼 여유가 있다.

---

earthquake
[ɔ́:rθkwèik]

® 지진
An earthquake destroyed much of the city.
지진은 그 도시의 많은 부분을 파괴했다.

㉱ flood 홍수

---

equal
[í:kwəl]

⑱ ① 같은, 동일한 ② 동등한　**equally** ⊕ 동등하게
Are the two sticks equal in length?
두 막대기의 길이가 같나요?

⑩ identical 똑같은

---

forgive
[fərgív]

⑤ 용서하다 (forgive - forgave - forgiven)
She forgives people very easily.
그녀는 쉽게 사람들을 용서한다.

㉔ excuse
용서하다

---

cotton
[kátən]

⑲ 목화, 면
The little girl looked pretty in a cotton dress.
면 원피스를 입은 어린 여자아이는 예뻐 보였다.

㉠ fiber 섬유

---

locate
[lóukeit]

⑤ ① 위치를 찾아내다 ② 놓다, 두다   location ⑲ 장소, 위치
The school is located near the pharmacy.
학교는 약국 근처에 있다.

㉔ detect 발견하다

---

membership
[mémbərʃìp]

⑲ 회원의 자격, 멤버십
You have to apply for membership of the gym.
당신은 체육관 회원 자격을 신청해야 한다.

---

obey
[oubéi]

⑤ 복종하다, 따르다
Do we have to obey the rules?
우리가 규칙을 따라야 합니까?

㉃ disobey
복종하지 않다

---

gender
[dʒéndər]

⑲ 성, 성별
State clearly your name, birth date, and gender.
이름, 생년월일, 성별을 분명히 말하세요.

㉔ sex 성, 성별

---

salary
[sǽləri]

⑲ 월급, 급여
The manager was offered a salary of $40,000 a year.
그 매니저는 1년에 4만 달러의 급여를 받았다.

㉔ wage 임금, 급여

---

disappear
[dìsəpíər]

⑤ 사라지다, 없어지다
An old lady disappeared around the corner.
한 노부인이 모퉁이에서 사라졌다.

㉔ vanish 사라지다

---

soul
[soul]

⑲ 영혼, 정신, 마음
His poetry contains beautiful images and soul.
그의 시에는 아름다운 이미지와 영혼이 담겨 있다.

㉔ spirit 정신, 영혼

---

tiny
[táini]

⑱ 아주 작은
We have one tiny problem.
우리는 사소한 문제 하나가 있다.

㉔ minimal
아주 작은

A 주어진 단어의 뜻을 영어는 우리말로, 우리말은 영어로 쓰세요.

1 confident _____

2 decoration _____

3 disappear _____

4 forgive _____

5 gender _____

6 아주 작은 _____

7 여행 가방 _____

8 영혼, 정신, 마음 _____

9 ~할 여유가 있다 _____

10 거의 ~ 아니다 _____

B 알맞은 단어를 넣어 주어진 어구를 완성하세요.

1 a monthly _____ 월급

2 _____ a missing child 미아를 찾다

3 form the _____ 기초를 형성하다

4 _____ heavily 숨을 가쁘게 쉬다

5 _____ candy 솜사탕

6 a strong _____ 강진

7 a(n) _____ opportunity 동등한 기회

8 a(n) _____ fee 회비

9 _____ the law 법을 준수하다

10 _____ a party 파티를 망치다

C 알맞은 단어를 골라 문장을 완성하세요.

1 We'll be able to (locate / afford) a car next year.
우리는 내년이면 자동차를 살 여유가 될 것이다.

2 It is hard to (disappear / forgive) your enemies.
너의 원수를 용서하는 것은 어렵다.

3 I could (tiny / hardly) believe my eyes.
내 눈을 믿을 수가 없었다.

4 He hasn't packed his (soul / suitcase) yet.
그는 아직 짐을 싸지 않았다.

5 It took long time to set up the (decorations / ruins).
장식을 하느라 많은 시간이 걸렸다.

정답 p.122 ➡

Day 20

MP3 듣기 ▶

---

beak
[biːk]

명 ① (새의) 부리 ② 주둥이
Birds use their beaks to pick up food.
새들은 먹이를 먹을 때 부리를 이용한다.

---

physical
[fízikəl]

형 ① 육체의, 신체의 ② 물질의
The program was prepared for both physical and mental health. 그 프로그램은 신체 건강 및 정신 건강을 위해 준비되었다.

반 mental 정신의

---

backward
[bǽkwərd]

부 ① 뒤로 ② 거꾸로
The child took a step backward.
그 아이는 뒤로 한 발짝 물러섰다.

반 forward 앞으로

---

create
[kriéit]

동 만들다, 창조하다   creative 형 창조적인
The machine creates a lot of noise.
그 기계는 많은 소음을 낸다.

유 form 형성하다

---

difficulty
[dífikʌ̀lti]

명 어려움, 곤란   difficult 형 어려운
He is having difficulty with his schoolwork.
그는 학교 과제로 어려움을 겪고 있다.

유 trouble
문제, 곤란

---

worst
[wəːrst]

형 가장 나쁜, 최악의
It was the worst accident in her life.
그것은 그녀의 인생에서 최악의 사건이었다.

반 best 가장 좋은

---

storage
[stɔ́ːridʒ]

명 ① 저장, 보관 ② 저장소, 창고   store 동 저장하다
We had to rent additional storage.
우리는 추가 저장소를 빌려야 했다.

---

fortune
[fɔ́ːrtʃən]

명 ① 재산 ② 운, 행운   fortunate 형 운 좋은
His grandfather made a fortune from fishing.
그의 할아버지는 어업으로 돈을 많이 벌었다.

유 wealth 재산, 부

---

indeed
[indíːd]

부 ① 정말로 ② 사실은
The results were very good indeed.
그 결과는 정말 좋았다.

유 really 정말로

---

method
[méθəd]

명 방법, 방식
Farming methods have not changed much for years.
농업 방식은 수년간 많이 변하지 않았다.

유 way 방법

---

memorize
[méməràiz]

동 기억하다, 암기하다　　memory 명 기억, 추억
The actress was memorizing her lines.
그 여배우는 자신의 대사를 암기하고 있었다.

intelligence
[intélidʒəns]

명 ① 지능 ② 정보　　intelligent 형 총명한
We were impressed with her high intelligence.
우리는 그녀의 높은 지능에 감탄했다.

유 information
정보

military
[mílitèri]

형 군사의, 군대의
The government planned to take a military action.
정부는 군사 조치를 취하려고 계획했다.

참 civil 민간의

admire
[ədmáiər]

동 ① 존경하다 ② 감탄하다
My professor was admired by all of the students.
교수님은 모든 학생들로부터 존경받았다.

monster
[mánstər]

명 괴물
The movie was about a huge blue monster.
그 영화는 거대한 푸른 괴물에 관한 내용이다.

참 brute 짐승, 야수

awake
[əwéik]

동 (잠에서) 깨다, 깨우다 (awake - awoke - awoken) 형 잠이 깬
He drank a lot of coffee to keep himself awake.
그는 계속 깨어 있으려고 많은 커피를 마셨다.

반 asleep 잠이 든

notice
[nóutis]

명 ① 주의, 주목 ② 통지 동 ① 알아차리다 ② 주목하다
Did you notice she was waving at you?
그녀가 너한테 손을 흔들고 있었던 거 알았어?

escape
[iskéip]

동 탈출하다, 피하다 명 도망, 탈출
A tiger has escaped from its cage.
호랑이 한 마리가 우리를 탈출했다.

유 flee 도망치다

result
[rizʌ́lt]

명 결과
Brian's exam results were excellent.
브라이언의 시험 결과는 훌륭했다.

유 consequence
결과

slide
[slaid]

동 미끄러지다 (slide - slid - slid)
명 ① 미끄러짐 ② 미끄럼틀
A child is sliding on the ice.
한 아이가 얼음에 미끄러지고 있다.

유 slip 미끄러지다

Exercise

A 주어진 단어의 뜻을 영어는 우리말로, 우리말은 영어로 쓰세요.

1 worst _____

2 storage _____

3 monster _____

4 method _____

5 indeed _____

6 미끄러지다, 미끄러짐 _____

7 주의, 주목, 통지 _____

8 (새의) 부리, 주둥이 _____

9 (잠에서) 깨다 _____

10 뒤로, 거꾸로 _____

B 알맞은 단어를 넣어 주어진 어구를 완성하세요.

1 _____ the scenery 경치에 감탄하다

2 _____ a new history 새로운 역사를 창조하다

3 without _____ 어려움 없이

4 _____ from prison 탈옥하다

5 good _____ 행운

6 artificial _____ 인공 지능

7 _____ words 단어를 외우다

8 a(n) _____ aircraft 군용기

9 _____ activity 신체 활동

10 the final _____ 최종 결과

C 알맞은 단어를 골라 문장을 완성하세요.

1 She (noticed / awoke) from her nap. 그녀는 낮잠에서 깨어났다.

2 There is a (result / slide) on the playground. 운동장에 미끄럼틀이 있다.

3 The bird can fly (fortune / backward). 그 새는 뒤로 날 수 있다.

4 There was a (notice / method) on the bulletin board. 게시판에는 공지문이 있었다.

5 A bird was holding a worm in its (beak / monster). 새 한 마리가 부리에 벌레를 물고 있었다.

정답 p.123 ➡

A 주어진 단어와 알맞은 뜻을 찾아 연결하세요.

1 generation •　　• 접다
2 charity •　　• 정비사
3 fold •　　• 자선
4 normal •　　• 보통의, 정상적인
5 mechanic •　　• 세대

6 instrument •　　• 기구, 도구
7 breath •　　• 위치를 찾아내다
8 locate •　　• 어려움, 곤란
9 intelligence •　　• 지능, 정보
10 difficulty •　　• 숨, 호흡

B 단어의 관계에 맞게 빈칸을 채우세요.

1 pitch : throw = _____ : delay
2 lessen : _____ = ruin : destroy
3 _____ : drink = string : rope
4 escape : flee = _____ : form
5 obey : _____ = punish : forgive

6 backward : forward = awake : _____
7 worse : better = _____ : mental
8 _____ : pollute = permission : permit
9 reflect : reflection = _____ : decoration
10 _____ : punishment = exist : existence

C 알맞은 단어를 넣어 문장을 완성하세요.

1 Someone called _____ he was out.　　그가 밖에 있을 때 누군가 전화를 했다.

2 It is a(n) _____ to have you here.　　귀하를 맞이하게 되어 영광입니다.

3 This book's _____ is Japanese culture.　　이 책의 주제는 일본의 문화이다.

4 She gave me a(n) _____ smile.　　그녀는 나에게 자신 있는 미소를 보였다.

5 This is the _____ movie I've ever seen.　　이것은 내가 본 최악의 영화다.

정답 p.123 ➡

Vocabulary Plus

☐ **fade away** 사라지다, 없어지다 | Money can easily **fade away**.
돈은 쉽게 사라질 수 있다.

☐ **put away** 치우다 | Monica already **put away** the dishes.
모니카는 벌써 그릇을 치웠다.

☐ **take away** 빼앗다 | The teacher **took** his phone **away** from the student.
선생님은 학생에게서 휴대 전화를 빼앗았다.

☐ **give away** 공짜로 주다 | They **gave away** free samples.
그들은 무료 샘플을 주었다.

☐ **put out** (불을) 끄다 | They are **putting out** the fire in the building.
그들은 건물에 붙은 불을 끄고 있다.

☐ **pull out** (마개 따위를) 뽑다 | Jake **pulled out** his wisdom tooth.
제이크는 그의 사랑니를 뽑았다.

☐ **take out** ~를 꺼내다 | She **took out** her money from her purse.
그녀는 지갑에서 돈을 꺼냈다.

☐ **get married** 결혼하다 | He will **get married** next month.
그는 다음 달에 결혼할 것이다.

☐ **eat out** 외식하다 | How about **eating out** tonight?
오늘 밤에 외식하는 게 어때?

☐ **eat up** 먹어 치우다 | Chris **ate up** everything on his plate.
크리스는 접시 위의 모든 것을 먹어 치웠다.

Check-up Test

1 Her anger _____ _____.
그녀의 화는 사라졌다.

2 He _____ _____ all his books to his friends.
그는 자신의 책을 전부 그의 친구들에게 주었다.

3 We usually don't _____ _____.
우리는 보통 외식을 하지 않는다.

4 The firefighters are trying hard to _____ _____ the wild fire.
소방대원들은 산불을 진압하려고 노력 중이다.

5 _____ your textbooks _____. It's time for a quiz.
교과서를 치우세요. 쪽지 시험 시간입니다.

정답 p.123 ➡

Chapter 05

Day 21
~
Day 25

Day 21

MP3 듣기 ▶

courage
[kə́ːridʒ]

⑲ 용기
He didn't have the courage to admit he was wrong.
그는 자신이 틀렸다는 걸 인정할 용기가 없었다.

㈜ bravery 용기

---

analyze
[ǽnəlàiz]

⑧ 분석하다　analyst ⑲ 분석가
I think we have fully analyzed the data.
나는 우리가 충분히 데이터를 분석했다고 생각한다.

---

sculpture
[skʌ́lptʃər]

⑲ 조각(품)　sculpt ⑧ 조각하다
There are many famous sculptures in Italy.
이탈리아에는 유명한 조각품들이 많다.

㈘ statue 조각상

---

brief
[briːf]

⑲ ① 잠시의 ② 간결한 ⑲ 개요, 보고서
They'll give you a brief summary of the article.
그들이 당신에게 그 기사의 간단한 요약본을 줄 것이다.

---

amount
[əmáunt]

⑲ ① 양, 액수 ② 총계, 총액
Brad ate a large amount of food.
브래드는 많은 양의 음식을 먹었다.

---

discussion
[diskʌ́ʃən]

⑲ 논의, 상의　discuss ⑧ 논의하다
The matter is still under discussion.
그 문제는 여전히 논의 중이다.

㈜ debate 토론

---

asleep
[əslíːp]

⑲ 잠이 든　sleepy ⑲ 졸리는
We all fell asleep on the train to Seoul.
우리 모두 서울 가는 기차에서 잠이 들었다.

㈝ awake 잠이 깬

---

element
[éləmənt]

⑲ ① 요소, 성분 ② 원소
Health is an important element in our lives.
건강은 우리 삶에서 중요한 요소이다.

㈜ component
요소, 성분

---

examine
[igzǽmin]

⑧ ① 조사하다, 검사하다 ② 진찰하다
Another doctor examined him and could find nothing.
다른 의사가 그를 진찰했고 아무것도 찾을 수 없었다.

㈜ inspect
조사하다

---

goods
[gudz]

⑲ 상품, 물건
Money can be exchanged for goods.
돈은 상품과 교환될 수 있다.

㈜ product
제품, 상품

---

freedom
[frí:dəm]

몡 자유
We have the freedom to decide our own futures.
우리는 스스로의 미래를 결정할 자유가 있다.

윤 liberty 자유

private
[práivit]

휑 ① 사적인 ② 민간의　**privacy** 몡 사생활
She had private reasons for the decision.
그녀의 결정 뒤에는 개인적인 이유가 있었다.

뺜 public 공적인

expense
[ikspéns]

몡 비용, 지출　**expensive** 휑 비싼
The insurance will cover all expenses.
보험이 모든 비용을 지급할 것이다.

뺜 income
소득, 수입

hut
[hʌt]

몡 오두막
They spent the night in a wooden hut.
그들은 통나무 오두막에서 밤을 보냈다.

윤 cabin 오두막집

recover
[rikʌ́vər]

됭 ① 되찾다 ② 회복하다　**recovery** 몡 회복, 복구
The police recovered his stolen wallet.
경찰이 그의 잃어버린 지갑을 되찾았다.

pose
[pouz]

몡 포즈, 자세 됭 포즈를 취하다
Can you hold that pose?
그 자세를 유지할 수 있어요?

윤 position
위치, 자세

behavior
[bihéivjər]

몡 행동, 행위　**behave** 됭 행동하다
Scientists studied the behavior of elephants.
과학자들은 코끼리의 행동을 연구했다.

윤 conduct
행위, 품행

tasty
[téisti]

휑 맛있는　**taste** 몡 맛
I thought the food was very tasty.
나는 그 음식이 매우 맛있는 것 같았다.

source
[sɔ:rs]

몡 ① 원천, 근원 ② 출처
Tourism is a major source of income for the country.
관광업은 그 국가의 주된 수입원이다.

윤 origin 기원, 근원

spare
[spɛər]

휑 남는, 여분의 됭 (시간·돈 등을) 할애하다
He couldn't spare the time.
그는 시간을 할애할 수 없었다.

윤 extra 여분의

A 주어진 단어의 뜻을 영어는 우리말로, 우리말은 영어로 쓰세요.

1 tasty _____

2 recover _____

3 private _____

4 hut _____

5 discussion _____

6 양, 액수, 총계, 총액 _____

7 분석하다 _____

8 행동, 행위 _____

9 요소, 성분, 원소 _____

10 조각(품) _____

B 알맞은 단어를 넣어 주어진 어구를 완성하세요.

1 while _____ 자는 동안

2 a(n) _____ report 간략한 보고

3 show great _____ 큰 용기를 보이다

4 _____ closely 면밀히 조사하다

5 save _____ 비용을 절약하다

6 the _____ of a problem 문제의 근원

7 religious _____ 종교의 자유

8 _____ time 여가 시간

9 electronic _____ 전자 제품

10 _____ for a picture 사진을 위해 포즈를 취하다

C 알맞은 단어를 골라 문장을 완성하세요.

1 The children were rewarded for good (behavior / discussion). 아이들은 착한 행동에 대한 보상을 받았다.

2 They are having a (private / brief) conversation. 그들은 사적인 대화를 나누고 있다.

3 The artist is making a (source / sculpture). 그 예술가는 조각품을 만들고 있다.

4 The soup is very (tasty / spare). 수프는 맛이 매우 좋다.

5 He lost a large (amount / analyze) of money. 그는 많은 액수의 돈을 잃었다.

정답 p.123 ➡

Day 22

bit
[bit]

명 ① 조금, 약간 ② 조각
Would you like a bit of cake?
케이크 한 조각 먹어 볼래?

---

aloud
[əláud]

부 ① 소리 내어 ② 큰소리로　　loudly 부 큰소리로
Would you read the letter aloud?
편지를 큰소리로 읽어주시겠어요?

---

amaze
[əméiz]

동 놀라게 하다
We were amazed at the sight.
우리는 그 광경에 놀랐다.

유 surprise
놀라게 하다

---

mood
[mu:d]

명 ① 기분 ② 분위기
My teacher is clearly in a good mood today.
선생님은 오늘 분명 기분이 좋으시다.

유 temper
(일시적인) 기분

---

rinse
[rins]

동 헹구다, 씻어내다
You should rinse your hair several times.
머리를 여러 번 헹궈야 한다.

---

crack
[kræk]

명 균열, 금 동 금이 가다, 갈라지다
Suddenly the vase cracked.
갑자기 꽃병에 금이 갔다.

---

principal
[prínsəpəl]

형 주요한, 중요한 명 교장, 총장　　principally 부 주로
That is not the principal reason I accepted the job.
그것이 내가 그 일자리를 받아들인 주요 이유는 아니다.

유 main 주요한

---

except
[iksépt]

전 ~을 제외하고　　exception 명 예외
Everything was perfect except for the weather.
날씨 빼고 모든 것이 완벽했다.

---

whisper
[hwíspər]

동 속삭이다 명 속삭임
Dad whispered a warning to us to keep quiet.
아빠는 우리에게 조용히 하라고 귓속말로 주의를 주셨다.

---

explore
[iksplɔ́:r]

동 ① 탐험하다 ② 탐구하다　　exploration 명 탐험; 연구
They want to explore how the human brain functions.
그들은 인간의 뇌가 어떻게 기능하는지 탐구하고 싶어 한다.

scientific
[sàiəntífik]

ⓗ 과학적인
The theory has no scientific basis.
그 이론은 과학적인 근거가 없다.

참 biological
생물학적인

---

horror
[hɔ́(ː)rər]

ⓜ 공포, 무서움
He was filled with horrors.
그는 공포심에 사로잡혔다.

유 fear 공포

---

freeze
[friːz]

ⓤ 얼다, 얼리다 (freeze - froze - frozen)
The cold water froze the water pipes.
찬물로 인해 수도관이 얼었다.

반 melt 녹이다

---

sum
[sʌm]

ⓜ ① 총계, 합계 ② 금액, 돈
The company spent large sums of money on advertising.
회사는 광고하는 데 거액을 썼다.

유 amount
총액, 총계

---

negative
[négətiv]

ⓗ 부정적인
All their answers were negative.
그들의 모든 대답은 부정적이었다.

반 positive
긍정적인

---

lecture
[léktʃər]

ⓜ 강의, 강연   lecturer ⓜ 강연자
Doctor Fernandez will be giving a lecture tomorrow.
내일 페르난데즈 박사가 강연을 할 것이다.

유 address 연설

---

remove
[rimúːv]

ⓤ ① 제거하다, 없애다 ② 해고하다
Hot water will remove most stains.
뜨거운 물로 대부분의 얼룩이 제거될 것이다.

유 erase 없애다

---

someday
[sʌ́mdèi]

ⓑ 언젠가, 머지않아
Someday we'll buy our own house.
언젠가 우리는 우리만의 집을 살 것이다.

---

unlike
[ʌnláik]

ⓣ ~와는 다른
Unlike most actors, David is a shy man.
대부분의 배우들과 달리 데이비드는 수줍음이 많은 사람이다.

---

ashamed
[əʃéimd]

ⓗ 부끄러운, 창피한
She was ashamed of her behavior.
그녀는 자신의 행동이 부끄러웠다.

유 embarrassed
당황스러운

A 주어진 단어의 뜻을 영어는 우리말로, 우리말은 영어로 쓰세요.

1 amaze   _____

2 bit   _____

3 except   _____

4 lecture   _____

5 scientific   _____

6 속삭이다, 속삭임   _____

7 ~와는 다른   _____

8 총계, 합계, 금액, 돈   _____

9 언젠가, 머지않아   _____

10 주요한, 교장   _____

B 알맞은 단어를 넣어 주어진 어구를 완성하세요.

1 laugh _____   큰소리로 웃다

2 feel _____   부끄러워하다

3 a(n) _____ in the ice   얼음의 균열

4 _____ space   우주를 탐험하다

5 _____ to death   얼어 죽다

6 a(n) _____ movie   공포 영화

7 change the _____   분위기를 바꾸다

8 a(n) _____ attitude   부정적인 태도

9 _____ a label   라벨을 제거하다

10 _____ my mouth   입을 헹구다

C 알맞은 단어를 골라 문장을 완성하세요.

1 He invited everyone (except / aloud) me.   그는 나를 빼고 모두 초대했다.

2 I couldn't understand his (horror / lecture).   나는 그의 강의를 이해할 수 없었다.

3 The (horror / principal) made a speech in front of students.   교장 선생님은 학생들 앞에서 연설했다.

4 The (sum / whisper) of 6 and 4 is 10.   6과 4의 합은 10이다.

5 I'm feeling a (crack / bit) better today.   나는 오늘 건강이 조금은 회복된 것 같다.

정답 p.123➡

Day 23

MP3 듣기 ▶

brick
[brik]

⑲ 벽돌
Several houses on the hill were made of brick.
언덕 위에 있는 집 몇 채는 벽돌로 지어졌다.

---

ambition
[æmbíʃən]

⑲ 야망, 포부
His ambition was to become a successful coach.
그의 야망은 성공한 감독이 되는 것이었다.

㈜ desire 욕구, 갈망

---

recycle
[ri:sáikl]

⑧ 재활용하다
We are required to recycle cans and bottles.
우리는 캔과 병을 재활용해야 한다.

㈜ reuse 재사용하다

---

junk
[dʒʌŋk]

⑲ 쓰레기, 폐품
You should get rid of all that junk.
너는 저 모든 쓰레기를 치워야 한다.

㈜ trash 쓰레기

---

creature
[kríːtʃər]

⑲ ① 생명체 ② 창조물
Living creatures cannot survive without water.
살아 있는 생명체는 물 없이 살 수 없다.

---

exchange
[ikstʃéindʒ]

⑧ 교환하다 ⑲ 교환
They exchanged their business cards.
그들은 명함을 주고받았다.

㈜ switch 교환하다

---

feature
[fíːtʃər]

⑲ 특징, 특성
Her large brown eyes are her best feature.
그녀의 큰 갈색 눈은 그녀의 가장 큰 특징이다.

㈜ characteristic
특징, 특성

---

dead
[ded]

⑱ 죽은   death ⑲ 사망, 죽음
They don't know whether he is alive or dead.
그들은 그가 살았는지 죽었는지 모른다.

㈜ alive 살아 있는

---

happiness
[hǽpinis]

⑲ 행복, 만족
He found happiness and peace of mind.
그는 행복과 마음의 평화를 찾았다.

---

intend
[inténd]

⑧ 의도하다, 작정하다   intention ⑲ 의도, 의향
I intended to go to Hungary this year.
나는 올해 헝가리에 갈 작정이었다.

㈜ plan 계획하다

miracle
[mírəkl]

ⓝ 기적
This is a miracle of modern technology.
이것은 현대 기술의 기적이다.

ⓤ wonder
기적, 경이

---

motion
[móuʃən]

ⓝ 운동, 움직임
The object moved in a circular motion.
그 물체는 원을 그리며 움직였다.

ⓤ movement
운동, 움직임

---

frighten
[fráitən]

ⓥ 겁먹게 하다, 놀라게 하다   frightening ⓐ 무서운
I was frightened when you drove so fast.
당신이 운전을 너무 빨리 했을 때 나는 겁이 났었다.

ⓤ scare 겁주다

---

pleasant
[plézənt]

ⓐ 즐거운, 기분 좋은
She spent a pleasant afternoon reading a book.
그녀는 책을 읽으며 즐거운 오후를 보냈다.

ⓑ unpleasant
불쾌한

---

revolution
[rèvəljúːʃən]

ⓝ 혁명, 혁신
Today is the 150th anniversary of the revolution.
오늘은 그 혁명의 150주년 되는 날이다.

ⓒ revolt 반란

---

suppose
[səpóuz]

ⓥ ① 가정하다 ② 생각하다
I suppose he must be delighted about his promotion.
그가 승진으로 기뻐하고 있을 것 같다.

ⓤ guess 추측하다

---

dirt
[dəːrt]

ⓝ ① 먼지, 때 ② 흙, 토양
Their shoes were covered with dirt.
그들의 신발은 흙으로 덮였다.

ⓤ dust 먼지

---

practical
[prǽktikəl]

ⓐ ① 실제적인 ② 실용적인
The organization offers young people practical advice on life.
그 기관은 젊은이들에게 인생에 관해 실제적인 조언을 제공한다.

ⓑ impractical
비실용적인

---

appear
[əpíər]

ⓥ ① 나타나다 ② ~인 것 같다
Cracks began to appear in the ceiling.
천장에 금이 보이기 시작했다.

ⓤ emerge
나타나다

---

volunteer
[vὰləntíər]

ⓝ 지원자, 자원 봉사자 ⓥ 자원하다
We're saving money by using volunteers.
자원 봉사자들을 이용함으로써 우리는 돈을 절약하고 있다.

Exercise

A 주어진 단어의 뜻을 영어는 우리말로, 우리말은 영어로 쓰세요.

1 ambition _____

2 brick _____

3 feature _____

4 frighten _____

5 happiness _____

6 나타나다, ~인 것 같다 _____

7 의도하다, 작정하다 _____

8 즐거운, 기분 좋은 _____

9 가정하다, 생각하다 _____

10 기적 _____

B 알맞은 단어를 넣어 주어진 어구를 완성하세요.

1 _____ sickness   멀미

2 _____ experience   실제적인 경험

3 _____ paper   종이를 재활용하다

4 the Industrial _____   산업 혁명

5 _____ for the task   임무에 자원하다

6 a(n) _____ body   시체

7 a tiny _____   작은 생명체

8 a(n) _____ road   비포장도로

9 _____ gifts   선물을 교환하다

10 _____ e-mail   스팸 메일

C 알맞은 단어를 골라 문장을 완성하세요.

1 The girl (intends / appears) sad.   그 소녀는 슬퍼 보인다.

2 (Happiness / Revolution) is the most important thing in my life.   내 인생에서 행복이 가장 중요하다.

3 The smell of bread was (dead / pleasant).   빵 냄새가 좋았다.

4 The movie really (volunteered / frightened) my friends.   그 영화는 내 친구들을 진짜로 겁에 질리게 했다.

5 The MP3 player has some useful (features / motions).   그 MP3 플레이어는 몇 가지 유용한 특징이 있다.

정답 p.124 ➡

resource
[ríːsɔ̀ːrs]

(명) ① 자원 ② 자산, 재산
The Internet has become a valuable resource.
인터넷은 소중한 자원이 되었다.

---

lung
[lʌŋ]

(명) 폐, 허파
There is a connection between lung cancer and smoking.
폐암과 흡연 사이에는 관련이 있다.

(참) liver 간

---

announce
[ənáuns]

(동) 발표하다, 알리다
He announced the winner of the competition.
그는 대회의 우승자를 발표했다.

(유) report 발표하다

---

continent
[kántənənt]

(명) 대륙   continental (형) 대륙의
There are seven continents including Antarctica.
남극을 포함하여 7개 대륙이 있다.

---

crash
[kræʃ]

(동) ① 충돌하다 ② 추락하다
The books crashed to the floor.
책들이 바닥에 떨어졌다.

(유) collide 충돌하다

---

arrow
[ǽrou]

(명) 화살
The arrow on the map points to the south.
지도의 화살표는 남쪽을 가리킨다.

---

disgust
[disgʌ́st]

(명) 혐오, 반감 (동) 혐오감을 일으키다
I felt disgust at her behavior.
나는 그녀의 행동에 혐오감을 느꼈다.

(유) dislike 혐오

---

expect
[ikspékt]

(동) 예상하다, 기대하다
We're expecting good weather for the weekend.
주말에 좋은 날씨가 예상된다.

(유) predict 예상하다

---

curve
[kəːrv]

(명) 곡선, 커브 (동) 구부리다, 구부러지다
The narrow road curves to the right.
좁은 도로는 오른쪽으로 굽는다.

(유) bend 굽히다

---

frequent
[fríːkwənt]

(형) 자주 일어나는, 빈번한
The old man was a frequent visitor to my office.
그 노인은 우리 사무실에 자주 오는 방문자였다.

(유) common 흔한

grave [greiv]	몡 무덤, 묘 혱 중대한, 심각한 He visited his father's grave once a week. 그는 아버지의 묘에 일주일에 한 번 갔다.	윤 tomb 무덤
leather [léðər]	몡 가죽, 피혁 Have you seen my new leather jacket? 내 새 가죽 재킷 봤어?	
terrific [tərífik]	혱 ① 훌륭한 ② 엄청난 We built a terrific tree house. 우리는 아주 멋진 나무 집을 지었다.	윤 excellent 훌륭한
agency [éidʒənsi]	몡 ① 대리점 ② 기관 I found a job through an employment agency. 나는 직업소개소를 통해 직장을 구했다.	
origin [ɔ́(:)ridʒin]	몡 기원, 근원　original 혱 원래의 I read a book about the origin of the universe. 나는 우주의 기원에 관한 책을 읽었다.	윤 source 근원, 원천
pretend [priténd]	동 ～인 체하다, 가장하다 She pretended that she didn't mind. 그녀는 개의치 않는 척 했다.	
reality [ri(:)ǽləti]	몡 현실, 실제　realistic 혱 현실적인 His dream has become a reality. 그의 꿈은 현실이 되었다.	윤 actuality 현실, 실제
sight [sait]	몡 ① 시력 ② 보기, 봄 ③ 전망 Don't let the baby out of your sight. 아기에게서 시선을 떼지 마세요.	윤 view 시야
quickly [kwíkli]	뮈 빨리, 신속히 They went out of the room quickly. 그들은 잽싸게 방을 나갔다.	반 slowly 천천히
strength [streŋkθ]	몡 ① 힘, 기운 ② 강점, 장점　strengthen 동 강화하다 Calcium is needed for bone strength. 칼슘은 뼈 강화에 필요하다.	윤 force 힘, 세기

A 주어진 단어의 뜻을 영어는 우리말로, 우리말은 영어로 쓰세요.

1 agency   _____
2 curve   _____
3 expect   _____
4 leather   _____
5 origin   _____

6 훌륭한, 엄청난   _____
7 시력, 보기, 전망   _____
8 자원, 자산, 재산   _____
9 빨리, 신속히   _____
10 반감, 혐오감을 일으키다   _____

B 알맞은 단어를 넣어 주어진 어구를 완성하세요.

1 _____ a plan   계획을 발표하다
2 shoot a(n) _____   화살을 쏘다
3 the African _____   아프리카 대륙
4 _____ into a wall   벽에 들이받다
5 _____ and weaknesses   장단점

6 a(n) _____ customer   단골손님
7 dig a(n) _____   무덤을 파다
8 damage the _____   폐에 손상을 주다
9 _____ to be sleeping   자는 척 하다
10 virtual _____   가상 현실

C 알맞은 단어를 골라 문장을 완성하세요.

1 There is a sharp (agency / curve) in this road.   이 길은 급커브 구간이 있다.
2 He shook his head in (disgust / origin).   그는 역겨워서 그의 머리를 흔들었다.
3 Snow is (crashed / expected) tomorrow.   내일은 눈이 올 것이 예상된다.
4 The bag is made of real (strength / leather).   그 가방은 진짜 가죽으로 만들어졌다.
5 His new novel was (terrific / frequent).   그의 새 소설은 훌륭했다.

정답 p.124 ➡

Day 25

MP3 듣기 ▶

horn
[hɔːrn]

명 ① 뿔 ② (차량의) 경적
A truck driver blew the horn.
트럭 운전자가 경적을 울렸다.

---

apology
[əpálədʒi]

명 사과, 사죄
We didn't accept his apology.
우리는 그의 사과를 받아들이지 않았다.

---

particular
[pərtíkjələr]

형 ① 특별한 ② 특정한
These children need particular care.
이 아이들은 특별한 관심이 필요하다.

유 specific 특정한

---

bucket
[bʌ́kit]

명 양동이, 들통
They needed two buckets of water.
그들은 양동이 2개의 물이 필요했다.

---

spirit
[spírit]

명 정신, 마음　spiritual 형 정신의
He was full of a young spirit.
그는 젊은 패기로 가득했다.

유 soul 영혼, 정신

---

compete
[kəmpíːt]

동 경쟁하다, 겨루다　competition 명 경쟁; 시합
Hundreds of applicants are competing for the position.
수백 명의 지원자들이 그 자리를 두고 경쟁하고 있다.

---

credit
[krédit]

명 ① 신용, 신뢰 ② 학점
This course counts one credit.
이 과목은 1학점으로 간주된다.

유 trust 신뢰

---

license
[láisəns]

명 ① 허가, 면허 ② 자격증, 면허증
You need an official document such as a license.
당신은 자격증 같은 공식적인 문서가 필요하다.

유 permit
허가증

---

public
[pʌ́blik]

형 공공의, 공립의 명 일반 사람들, 대중
Public libraries are good places to read books.
공공 도서관은 책을 읽기 좋은 곳이다.

반 private 민간의

---

expert
[ékspəːrt]

명 전문가 형 숙련된
My mother is an expert at gardening.
어머니는 원예 전문가이다.

유 specialist
전문가

funeral
[fjúːnərəl]

몡 장례(식)
The funeral will be held next Wednesday.
장례식은 다음 주 수요일에 있을 것이다.

참 coffin 관

attention
[ətènʃʌn]

몡 ① 주의, 주목 ② 관심
Could I have your attention, please?
주목해 주시겠습니까?

refund
[ríːfʌnd]

동 환불하다 몡 환불(금)
No refunds or exchanges are allowed.
환불이나 교환은 안 됩니다.

mineral
[mínərəl]

몡 ① 광물 ② 미네랄, 무기질
I often take vitamin and mineral supplements.
나는 종종 비타민과 미네랄 보충제를 먹는다.

seldom
[séldəm]

부 거의 ~ 않다
We seldom see each other.
우리는 서로 거의 만나지 않는다.

반 often 종종, 자주

reservation
[rèzərvéiʃən]

몡 예약
I've made a dinner reservation at the restaurant.
나는 식당에 저녁 식사 예약을 했다.

유 booking 예약

solution
[səlúːʃən]

몡 해결(책)   solve 동 해결하다
His role is to find the solution to this problem.
그의 역할은 이 문제에 대한 해결책을 찾는 것이다.

참 alternative
대안

divide
[diváid]

동 나누다, 분리하다
The teacher divided the class into four groups.
선생님은 반을 4그룹으로 나눴다.

유 separate
나누다

strap
[stræp]

몡 끈, 줄, 혁대
Could you help me fasten this strap?
이 끈을 조이는 걸 도와주실래요?

유 tie 끈

thrill
[θril]

몡 흥분, 전율
The video show the thrills of motor racing.
이 영상은 자동차 경주의 전율을 보여 준다.

Exercise

A 주어진 단어의 뜻을 영어는 우리말로, 우리말은 영어로 쓰세요.

1 apology _____   6 흥분, 전율 _____

2 bucket _____   7 끈, 줄, 혁대 _____

3 funeral _____   8 정신, 마음 _____

4 horn _____   9 거의 ~ 않다 _____

5 mineral _____   10 특별한, 특정한 _____

B 알맞은 단어를 넣어 주어진 어구를 완성하세요.

1 pay _____ to the teacher 선생님을 주목하다   6 a(n) _____ plate 자동차 번호판

2 _____ against each other 서로 경쟁하다   7 an effective _____ 효과적인 해결책

3 a(n) _____ card 신용 카드   8 cancel a(n) _____ 예약을 취소하다

4 _____ the loaf in half 빵을 반으로 자르다   9 get a(n) _____ 환불을 받다

5 a(n) _____ in birds 조류 전문가   10 _____ opinion 여론

C 알맞은 단어를 골라 문장을 완성하세요.

1 Please accept our sincere (expert / apology).   저희의 진심 어린 사과를 받아주시기 바랍니다.

2 Mike attended his uncle's (refund / funeral).   마이크는 삼촌의 장례식에 참석했다.

3 The driver behind me honked his (horn / mineral).   내 뒤의 운전자가 나에게 경적을 울렸다.

4 She (seldom / thrill) eats out.   그녀는 좀처럼 외식을 하지 않는다.

5 You need to keep up your (attentions / spirits).   정신을 바짝 차려야 한다.

정답 p.124 ➡

A 주어진 단어와 알맞은 뜻을 찾아 연결하세요.

1 brief ・　　　　　・ 상품, 물건　　　6 volunteer ・　　　　　・ 대륙

2 ashamed ・　　　　・ 제거하다　　　7 continent ・　　　　　・ ~인 체하다

3 dead ・　　　　　・ 죽은　　　　　8 divide ・　　　　　・ 환불

4 remove ・　　　　　・ 간결한　　　　9 refund ・　　　　　・ 지원자

5 goods ・　　　　　・ 부끄러운　　　10 pretend ・　　　　・ 나누다

B 단어의 관계에 맞게 빈칸을 채우세요.

1 ambition : desire = hut : _____　　6 public : private = alive : _____

2 dirt : dust = junk : _____　　　　7 private : _____ = realistic : reality

3 switch : _____ = frighten : scare　8 lecture : address = _____ : fear

4 freedom : liberty = _____ : component　9 slowly : _____ = seldom : often

5 predict : _____ = collide : crash　10 compete : _____ = intend : intention

C 알맞은 단어를 넣어 문장을 완성하세요.

1 I _____ the cause of the failure.　　나는 실패의 원인을 분석했다.

2 "I'll be back in a minute," he _____.　　"곧 돌아올게"라고 그가 작은 소리로 말했다.

3 She has _____ for a musical career.　　그녀는 음악 경력에 대한 야망이 있다.

4 The country has rich natural _____.　　그 국가는 천연 자원이 풍부하다.

5 Are you looking for anything _____?　　어떤 특별한 것을 찾고 계시나요?

정답 p.124 ➡

Vocabulary Plus

☐ **be covered with** ~으로 덮이다   The roof **is covered with** snow.
지붕이 눈으로 뒤덮여 있다.

☐ **learn one's lesson** 교훈을 얻다   You should **learn your lesson** this time.
너는 이번에 교훈을 얻어야 한다.

☐ **keep a diary** 일기를 쓰다   My sister **keeps a diary** every day.
나의 여동생은 매일 일기를 쓴다.

☐ **have a good time** 즐겁게 지내다   We **had a good time** in New York.
우리는 뉴욕에서 즐거운 시간을 보냈다.

☐ **pay attention to**
~에 주의를 기울이다   You should **pay attention to** your teacher.
너는 선생님에게 주목해야 한다.

☐ **make an appointment with**
~와 약속을 하다   I **made an appointment with** a client.
나는 고객과 약속을 했다.

☐ **play a role** 역할을 하다   Ariel **played an** important **role** in the show.
아리엘은 공연에서 중요한 역할을 했다.

☐ **do one's best** 최선을 다하다   I will **do my best**.
나는 최선을 다할 것이다.

☐ **enjoy oneself**
즐기다, 재미있게 지내다   Lucy **enjoyed herself** at the party.
루시는 파티에서 즐거운 시간을 가졌다.

☐ **fall asleep** 잠이 들다   Ella **fell asleep** during the class.
엘라는 수업 중에 잠이 들었다.

Check-up Test

1 My students didn't _____ _____ _____ me.
학생들은 나에게 주목하지 않았다.

2 My father _____ _____ as soon as he lied down in bed.
아버지께서는 침대에 눕자마자 잠이 드셨다.

3 I've _____ _____ _____. I'll never cheat on a test again.
나는 교훈을 얻었다. 앞으로 다시는 시험에서 부정행위를 하지 않을 것이다.

4 It is a good habit to _____ _____ _____.
일기를 쓰는 것은 좋은 습관이다.

5 The mountains _____ _____ _____ white snow.
산은 흰 눈으로 덮여 있다.

정답 p.125 ➡

Chapter 06

Day 26
~
Day 30

Day 26

MP3 듣기 ▶

colorful
[kʌ́lərfəl]

⑱ 화려한, 다채로운
She wore a colorful outfit.
그녀는 화려한 외투를 입었다.

---

ahead
[əhéd]

⑮ ① 앞으로, 앞에 ② 미리
We could see the end of the tunnel ahead.
우리는 앞쪽에 터널의 끝을 볼 수 있었다.

㈜ in advance 미리

---

furniture
[fə́:rnitʃər]

⑲ 가구
He bought some new furniture for his new house.
그는 새집에 둘 새 가구를 좀 샀다.

---

awful
[ɔ́:fəl]

⑱ ① 끔찍한 ② 무시무시한
That joke was just awful.
그 농담은 그저 끔찍했다.

㈜ terrible 끔찍한

---

broadcast
[brɔ́:dkæst]

⑧ 방송하다, 방영하다 (broadcast - broadcast - broadcast)
The interview was broadcast on Friday night.
그 인터뷰는 금요일 밤에 방송되었다.

㈜ advertise 광고하다

---

equipment
[ikwípmənt]

⑲ 장비, 용품   equip ⑧ 장비하다
It doesn't require a lot of fancy equipment.
그것은 많은 비싼 장비를 필요로 하지 않는다.

---

rush
[rʌʃ]

⑧ ① 서두르다 ② 돌진하다 ⑲ ① 서두름 ② 돌진, 쇄도
The children rushed down the stairs.
아이들은 계단으로 돌진했다.

㈜ hurry 서두르다

---

curl
[kə:rl]

⑲ 곱슬곱슬한 머리카락 ⑧ ① 곱슬곱슬하다 ② 감다
curly ⑱ 머리카락이 곱슬곱슬한
Jessica curled her hair for the event.
제시카는 행사를 위해 머리를 곱슬곱슬하게 했다.

---

document
[dákjəmənt]

⑲ 문서, 서류
The inspector wanted to see all our documents.
조사관은 우리의 모든 서류를 보길 원했다.

㈜ paper 문서, 서류

---

worth
[wə:rθ]

⑱ ~의 가치가 있는 ⑲ 가치, 값어치
It's not worth discussing.
그것은 논의할 가치가 없다.

argue
[áːrgjuː]

동 ① 논쟁하다 ② 주장하다　argument 명 논쟁
They were still **arguing** on the street.
그들은 길에서 아직도 논쟁하고 있었다.

유 discuss
논의하다

experiment
[ikspérəmənt]

명 실험, 시도
A few students did some **experiments** with magnets.
몇몇의 학생들이 자석으로 실험을 했다.

참 examination
검사

stretch
[stretʃ]

동 ① 펴다, 뻗다 ② 늘이다
He **stretched** his hand toward us.
그는 우리 쪽으로 손을 뻗었다.

유 extend 뻗다

index
[índeks]

명 ① 색인 ② 지수, 지표
Look up the term in the **index**.
색인에서 그 용어를 찾아봐라.

참 list 목록, 명단

doubt
[daut]

동 의심하다 명 의심
I have no **doubt** that she will succeed.
그녀가 성공할 거라는 것을 의심하지 않는다.

log
[lɔ(ː)g]

명 ① 통나무 ② (항해·항공 등의) 일지
They found a huge pile of **logs**.
그들은 거대한 통나무 더미를 발견했다.

probably
[prábəbli]

부 아마도, 대개는
It will **probably** rain tonight.
오늘 밤 아마 비가 올 것이다.

유 perhaps 아마도

soil
[sɔil]

명 ① 흙, 토양 ② 땅
The **soil** in this area is very rich.
이 지역의 토양은 매우 비옥하다.

유 land 땅, 토지

grab
[græb]

동 붙잡다, 잡아채다 명 붙잡음
Stop **grabbing** my arm.
제 팔을 붙잡지 마세요.

trillion
[tríljən]

명 (수의 단위) 조
Four light years is 25 **trillion** miles.
4광년은 25조 마일에 해당한다.

참 billion 10억

Exercise

A 주어진 단어의 뜻을 영어는 우리말로, 우리말은 영어로 쓰세요.

1 trillion _____
2 probably _____
3 log _____
4 index _____
5 furniture _____

6 의심하다, 의심 _____
7 곱슬곱슬한 머리카락 _____
8 끔찍한, 무시무시한 _____
9 논쟁하다, 주장하다 _____
10 앞으로, 앞에, 미리 _____

B 알맞은 단어를 넣어 주어진 어구를 완성하세요.

1 be _____ live   생방송되다
2 _____ clothes   화려한 색깔의 옷
3 _____ a taxi   택시를 잡다
4 an official _____ 공문서
5 sports _____   스포츠 용품

6 an interesting _____ 흥미로운 실험
7 rich _____   비옥한 땅
8 _____ hour   출퇴근길 교통 혼잡 시간
9 _____ the wings   날개를 펴다
10 _____ 10 dollars   10달러어치의

C 알맞은 단어를 골라 문장을 완성하세요.

1 There is a huge castle (ahead / worth) of us.   우리 앞에 거대한 성이 있다.

2 This steak tastes (awful / index).   이 스테이크는 맛이 형편없다.

3 I (doubt / argue) that they will be back.   나는 그들이 돌아올지 의심스럽다.

4 I will (probably / log) go on vacation next month.   나는 아마도 다음 달에 휴가를 갈 것이다.

5 We bought some (trillion / furniture) for the living room. 우리는 거실에 놓을 가구를 샀다.

정답 p.125 ➡

Day 27

MP3 듣기 ▶

dust
[dʌst]

명 먼지, 티끌
The books were covered in dust.
책들이 먼지로 덮여 있었다.

유 dirt 먼지, 때

---

hook
[huk]

명 갈고리, 낚싯바늘
She hung her coat on a hook.
그녀는 코트를 고리에 걸었다.

---

propose
[prəpóuz]

동 ① 제안하다, 제의하다 ② 청혼하다
He proposed to buy a house in a different city.
그는 다른 도시에 집을 사자고 제안했다.

유 suggest
제안하다

---

exit
[égzit]

명 ① 출구 ② 퇴장, 나감
There are five exits in the building.
이 건물에 5개의 출구가 있다.

반 entrance 입구

---

apart
[əpá:rt]

부 ① 떨어져 ② 개별적으로
These towns are many miles apart.
이 마을들은 수마일 떨어져 있다.

반 together
함께, 같이

---

current
[kə́:rənt]

형 지금의, 현재의 명 ① 흐름, 해류 ② 경향, 추세
Who is the current manager of the department?
그 부서의 현재 팀장은 누구인가요?

유 present 현재의

---

allow
[əláu]

동 허락하다, 허용하다
Dad allowed me to go to Eric's party.
아버지는 내가 에릭의 파티에 가는 걸 허락하셨다.

유 permit 허용하다

---

selfish
[sélfiʃ]

형 이기적인
Don't be so selfish!
너무 이기적으로 굴지 마세요!

반 unselfish
이타적인

---

fame
[feim]

명 명성, 명예   famous 형 유명한
The actor went to Hollywood seeking fame.
그 배우는 명성을 좇아 할리우드로 갔다.

유 reputation
명성, 평판

---

multiply
[mʌ́ltəplài]

동 ① 증가하다, 늘리다 ② 곱하다
Sales and profits have multiplied.
판매와 이윤이 증가했다.

---

load
[loud]

몡 짐, 화물 통 싣다
The boys were struggling with their heavy loads.
소년들이 무거운 짐으로 낑낑대고 있었다.

유 burden 짐

---

strict
[strikt]

몡 엄격한, 엄중한
Heyns was a strict trainer.
헤인즈는 엄격한 교관이었다.

유 severe 엄격한

---

pollute
[pəlúːt]

통 오염시키다   pollution 몡 오염, 공해
The beaches were polluted by the oil spill.
해변들은 기름 유출로 오염되었다.

유 contaminate
오염시키다

---

forward
[fɔ́ːrwərd]

분 앞으로 혱 앞쪽의
Come forward a bit and stand on the line.
앞으로 조금 나와서 줄을 서세요.

반 backward 뒤로

---

alien
[éiljən]

몡 ① 외계인 ② 외국인 혱 외국의, 외계의
She is one of the illegal aliens.
그녀는 불법 외국인 중 한 명이다.

유 foreigner
외국인

---

precious
[préʃəs]

혱 값비싼, 귀중한
Every hour at home was precious.
집에서 보내는 매 시간이 소중했다.

유 valuable
가치 있는

---

deceive
[disíːv]

통 속이다, 기만하다   deception 몡 기만, 사기
Appearances can deceive.
겉모습만 보고 판단하면 속을 수 있다.

유 cheat 속이다

---

royal
[rɔ́iəl]

혱 국왕의, 여왕의, 왕실의
They received a royal welcome.
그들은 왕실의 환영을 받았다.

참 loyal 충실한

---

speed
[spiːd]

몡 속력, 속도   speedy 혱 빠른, 신속한
The machine is operating at high speed.
그 기계는 빠른 속도로 작동 중이다.

유 rate 속도

---

twinkle
[twíŋkl]

통 반짝반짝 빛나다
I saw some stars twinkling in the night sky.
나는 밤하늘에 반짝이는 별을 보았다.

유 shine 빛나다

Exercise

A 주어진 단어의 뜻을 영어는 우리말로, 우리말은 영어로 쓰세요.

1 allow _____   6 제안하다, 청혼하다 _____

2 apart _____   7 국왕의, 왕실의 _____

3 forward _____   8 이기적인 _____

4 hook _____   9 엄격한, 엄중한 _____

5 multiply _____   10 반짝반짝 빛나다 _____

B 알맞은 단어를 넣어 주어진 어구를 완성하세요.

1 a(n) _____ spaceship   외계인 비행선   6 an emergency _____ 비상구

2 save _____ time   소중한 시간을 아끼다   7 gain _____ 명성을 얻다

3 an electrical _____   전류   8 carry a(n) _____ 짐을 나르다

4 _____ oneself   자기 자신을 속이다   9 _____ the river 강을 오염시키다

5 yellow _____   황사   10 a(n) _____ limit 속도 제한

C 알맞은 단어를 골라 문장을 완성하세요.

1 He (allowed / polluted) them to leave.   그는 그들이 떠나도록 허락했다.

2 The lighthouse (twinkled / deceived) in the distance.   멀리서 등대가 반짝였다.

3 She slowly pushed the door (precious / forward).   그녀는 문을 천천히 밀었다.

4 The mayor (proposed / allowed) a new plan.   시장은 새 계획을 제안했다.

5 Bacteria (load / multiply) quickly in warm conditions.   박테리아는 따뜻한 조건에서 빠르게 증식한다.

정답 p.125 ➡

Day 28

MP3 듣기 ▶

ash
[æʃ]

명 재, 화산재
The old man brushed the cigarette **ash** from his shoes.
노인이 신발에 묻은 담뱃재를 털어 냈다.

---

hunger
[hʌ́ŋgər]

명 굶주림, 기아　**hungry** 형 배고픈
Over two hundred people in this area are dying of **hunger**.
이 지역에서 2백 명이 넘는 사람들이 배고픔으로 죽어가고 있다.

유 starvation
굶주림, 기아

---

although
[ɔ:lðóu]

접 비록 ~일지라도, ~이지만
Although you've got a job now, you are still complaining.
네가 이제 일자리를 얻었지만 여전히 불평을 하고 있다.

유 though
비록 ~일지라도

---

perfume
[pə́:rfjù:m]

명 ① 향수 ② 향기
The air was filled with the sweet **perfume**.
공기는 달콤한 향수로 가득했다.

유 fragrance
향수, 향기

---

conquer
[kɑ́ŋkər]

동 정복하다, 극복하다
They **conquered** all their enemies.
그들은 모든 적들을 정복했다.

유 overcome
극복하다

---

process
[prɑ́ses]

명 과정, 절차 동 가공하다, 처리하다
Learning a foreign language is a long **process**.
외국어를 배우는 것은 긴 과정이다.

유 procedure 절차

---

everywhere
[évrihwὲər]

부 모든 곳에, 어디나
I've looked **everywhere** for my phone .
나는 내 전화기를 찾느라 모든 곳을 뒤졌다.

참 everything
모든 것

---

film
[film]

명 ① 영화 ② (한 통의) 필름
He hasn't had the **film** developed yet.
그는 아직 필름을 현상하지 못했다.

유 cinema 영화

---

within
[wiðín]

전 ① (위치·장소) ~의 안쪽에 ② (양·거리·범위) ~ 이내에
Can you complete the work **within** a month?
한 달 안에 그 일을 끝낼 수 있나요?

---

individual
[ìndəvídʒuəl]

형 개인적인, 개별적인 명 개인
Students need much **individual** attention.
학생들은 많은 개인적인 관심이 필요하다.

instant
[ínstənt]

몡 순간 혱 즉각적인
The pain disappeared in an instant.
고통은 순식간에 사라졌다.

⟨유⟩ immediate
즉각적인

---

loaf
[louf]

몡 (빵·케이크의) 덩어리
My mother was slicing a loaf of bread.
엄마는 빵 한 덩어리를 자르고 있었다.

---

peaceful
[píːsfəl]

혱 평화로운   peacefully 㖀 평화롭게
The library was so peaceful and quiet.
도서관은 평화롭고 조용했다.

---

apply
[əplái]

됨 ① 적용하다 ② 지원하다   application 몡 적용; 신청
She continued to apply for jobs.
그녀는 계속해서 일자리를 지원했다.

---

mud
[mʌd]

몡 진흙, 진창
The car was stuck in the mud.
차가 진흙에 빠졌다.

⟨유⟩ clay 점토, 찰흙

---

underground
[ʌ̀ndərgráund]

㖀 지하에 혱 지하의 몡 ① 지하도 ② 지하철
There are ten underground tunnels in the old city.
그 오래된 도시에는 10개의 지하 터널이 있다.

---

term
[təːrm]

몡 ① 용어 ② 기간, 학기 ③ 조건
What classes are you taking this term?
이번 학기에 무슨 수업 듣니?

⟨유⟩ semester 학기

---

respond
[rispánd]

됨 ① 응답하다 ② 반응하다   response 몡 응답; 반응
He hasn't yet responded to my letter.
그는 아직 내 편지에 답하지 않았다.

⟨유⟩ react 반응하다

---

loss
[lɔ(ː)s]

몡 ① 손실, 손해 ② 패배
An error resulted in the loss of the game.
실책 하나가 경기의 패배를 낳았다.

⟨반⟩ gain 이익, 이득

---

triumph
[tráiəmf]

몡 승리
The team returned home in triumph.
팀은 승리해서 고향으로 돌아왔다.

⟨유⟩ victory 승리

A 주어진 단어의 뜻을 영어는 우리말로, 우리말은 영어로 쓰세요.

1 triumph _____

2 mud _____

3 individual _____

4 everywhere _____

5 perfume _____

6 재, 화산재 _____

7 비록 ~일지라도 _____

8 절차, 가공하다 _____

9 ~의 안쪽에, ~ 이내에 _____

10 용어, 기간, 학기, 조건 _____

B 알맞은 단어를 넣어 주어진 어구를 완성하세요.

1 _____ my fear 공포를 극복하다

2 _____ to a university 대학에 지원하다

3 a(n) _____ city 지하 도시

4 a(n) _____ success 즉각적인 성공

5 half a(n) _____ 빵 반 덩어리

6 a(n) _____ protest 평화적인 시위

7 _____ to a request 요청에 응하다

8 _____ of appetite 식욕 부진

9 shoot a(n) _____ 영화를 촬영하다

10 suffer from _____ 굶주림으로 고통받다

C 알맞은 단어를 골라 문장을 완성하세요.

1 He is wearing (process / perfume). 그는 향수를 뿌리고 왔다.

2 His music is playing (everywhere / within) these days. 요즘은 어딜 가나 그의 노래가 흘러나온다.

3 My shoes are covered with (mud / term). 내 신발은 진흙투성이다.

4 We achieved a great (loss / triumph). 우리는 대승리를 거뒀다.

5 The house was burned to (ashes / loaves). 그 집은 타서 재가 되었다.

정답 p.125 ➡

Day 29

MP3 듣기 ▶

minister
[mínistər]
명 ① 성직자, 목사 ② 장관
The minister gave an interesting sermon.
그 목사는 흥미로운 설교를 했다.
유 priest 성직자

temple
[témpl]
명 신전, 사원, 절
This is an ancient Greek temple.
이것은 고대 그리스 신전이다.

ancient
[éinʃənt]
형 ① 고대의 ② 아주 오래된
They studied both ancient and modern history.
그들은 고대사와 현대사를 모두 연구했다.
참 medieval 중세의

rub
[rʌb]
동 문지르다, 비비다
The kids rubbed their eyes.
아이들이 눈을 비볐다.

cupboard
[kʌ́bərd]
명 ① 찬장 ② 벽장
I put them in the cupboard.
나는 그것들을 찬장에 넣었다.
유 closet 벽장

deaf
[def]
형 귀가 먼
Ian has been deaf since birth.
이안은 태어났을 때부터 귀가 멀었다.
참 blind 눈이 먼

explain
[ikspléin]
동 설명하다　explanation 명 설명, 해석
He explained how the machine worked.
그는 기계가 어떻게 작동하는지 설명했다.
유 describe 묘사하다

growth
[grouθ]
명 ① 성장 ② 증가, 발전　grow 동 성장하다
The annual rate of growth was 10 percent.
연 성장률은 10퍼센트였다.
유 progress 발전

alive
[əláiv]
형 살아 있는
Those children are lucky to be alive after the fire.
저 아이들은 화재 후에 다행히 살아남았다.
반 dead 죽은

joint
[dʒɔint]
명 ① 접합 부분 ② 관절 형 공동의
Grant and I had a joint birthday party.
그랜트와 나는 합동 생일 파티를 했다.

attitude
[ǽtitʃùːd]

⑲ ① 태도, 마음가짐 ② 자세
The girl needs to change her bad attitude.
그 소녀는 나쁜 태도를 바꿔야 한다.

---

pray
[prei]

⑧ 기도하다, 기원하다
We prayed for world peace.
우리는 세계 평화를 위해 기도했다.

⑳ beg 간청하다

---

opportunity
[àpərtjúːnəti]

⑲ 기회
This program gives students the opportunity to learn more.
이 프로그램은 학생들에게 더 많이 배울 기회를 준다.

㊠ chance 기회

---

thread
[θred]

⑲ 실
Her grandmother is good with a needle and thread.
그녀의 할머니는 바느질 솜씨가 좋다.

⑳ needle 바늘

---

pleased
[pliːzd]

⑲ 기쁜, 만족스러운
They're pleased to be going home.
그들은 집에 가게 되어 기쁘다.

㊠ delighted
아주 기쁜

---

refuse
[rifjúːz]

⑧ 거부하다, 거절하다
The doctor refused to talk about it.
의사는 그것에 대해 얘기하길 거부했다.

㊠ decline
거절하다

---

specific
[spisífik]

⑲ ① 구체적인 ② 특유한
Is there anything specific you want for dinner?
저녁 식사로 특별히 원하는 게 있나요?

㊠ unique 독특한

---

workplace
[wə́ːrkpleis]

⑲ 직장, 일터
He didn't want to mention her name and her workplace.
그는 그녀의 이름과 직장을 언급하고 싶지 않았다.

---

prove
[pruːv]

⑧ ① 증명하다 ② 판명되다   **proof** ⑲ 증거, 증명
My decision proved to be a good one.
내 결정이 옳았다는 것이 판명되었다.

㊠ demonstrate
증명하다

---

misunderstand
[mìsʌndərstǽnd]

⑧ 오해하다 (misunderstand - misunderstood - misunderstood)
misunderstanding ⑲ 오해, 갈등
The critics have misunderstood his movies.
비평가들은 그의 영화들을 오해했다.

A 주어진 단어의 뜻을 영어는 우리말로, 우리말은 영어로 쓰세요.

1 temple   _____

2 rub   _____

3 explain   _____

4 workplace   _____

5 thread   _____

6 오해하다   _____

7 기쁜, 만족스러운   _____

8 접합 부분, 공동의   _____

9 찬장, 벽장   _____

10 성직자, 목사, 장관   _____

B 알맞은 단어를 넣어 주어진 어구를 완성하세요.

1 a golden _____   절호의 기회

2 _____ an invitation   초대를 거절하다

3 _____ instructions   구체적인 지시사항

4 _____ her guilt   그녀의 유죄를 증명하다

5 a(n) _____ city   고대 도시

6 a positive _____   긍정적 태도

7 go _____   귀가 멀다

8 slow _____   느린 성장

9 stay _____   살아남다

10 _____ to God   신께 기도하다

C 알맞은 단어를 골라 문장을 완성하세요.

1 He (rubbed / misunderstood) his eyes yawning.   그는 하품을 하며 눈을 비볐다.

2 Dan opened the (opportunity / cupboard).   댄은 찬장을 열었다.

3 Can you (explain / pray) what happened?   무슨 일이 일어났는지 설명해 주겠니?

4 She has pain in her (joint / thread).   그녀는 관절이 아프다.

5 They go to (workplace / temple) once a week.   그들은 일주일에 한 번 사원에 간다.

정답 p.125 ➡

Day 30

MP3 듣기 ▶

horizon
[həráizən]

® 지평선, 수평선
The sun is rising over the horizon.
태양이 지평선 너머로 뜨고 있다.

signature
[sígnətʃər]

® 서명, 사인　　sign ⑧ 서명하다
The author wrote his signature at the bottom of the page.
저자는 페이지 하단에 자신의 서명을 썼다.

least
[liːst]

® 가장 적은 ⑨ 가장 적게
You are the least suitable person for the job.
당신은 그 일에 가장 맞지 않는 사람이다.

® most 가장 많은

attempt
[ətémpt]

⑧ 시도하다 ® 시도
It's his fifth attempt at flying a kite.
이번이 그가 연을 날리는 다섯 번째 시도이다.

® try 시도하다

surface
[sə́ːrfis]

® ① 표면 ② 외관
Road surfaces are slippery from the snow.
눈으로 도로 표면이 미끄럽다.

debate
[dibéit]

® ① 토론 ② 논쟁 ⑧ 논의하다
Her books have been the subject of much debate.
그녀의 책들은 많은 논쟁의 주제가 되었다.

® discussion
논의

professional
[prəféʃənəl]

® ① 직업의 ② 전문적인
They want me to dress in a professional way.
그들은 내가 전문가답게 옷을 입길 원한다.

® experienced
경험이 풍부한

essay
[ései]

® ① 수필, 에세이 ② 논문
We have to write an essay during the class.
우리는 수업 시간에 에세이 한 편을 써야 한다.

anywhere
[énihwɛ̀ər]

⑨ 어디든지, 아무 데도
I'm not going anywhere today.
오늘 아무 데도 가지 않을 것이다.

humankind
[hjúːmənkàind]

® 인류, 인간
It was the worst earthquake in the history of humankind.
인류 역사상 최악의 지진이었다.

® mankind
인류, 인간

import
[impɔ́ːrt]

(동) 수입하다 (명) 수입(품)
The company imports cars from Korea.
그 회사는 한국에서 차를 수입한다.

(반) export 수출하다

poverty
[pávərti]

(명) 가난, 빈곤
The architect was born in poverty.
그 건축가는 가난하게 태어났다.

national
[nǽʃənəl]

(형) ① 국가의 ② 전 국민의   nation (명) 국가
He won the national championship this summer.
그는 올해 여름에 전국 챔피언이 되었다.

(참) civil 시민의

bury
[béri]

(동) 묻다, 매장하다
The dog buried a bone.
그 개는 뼈다귀를 묻었다.

average
[ǽvəridʒ]

(형) 평균의, 보통의 (명) 평균(값)
On average, women live longer than men.
평균적으로 여자가 남자보다 오래 산다.

(유) ordinary
보통의

rescue
[réskjuː]

(동) 구조하다, 구출하다 (명) 구조, 구출
They are trying to rescue an old woman.
그들은 노부인을 구하려고 애쓰고 있다.

(유) save 구하다

risk
[risk]

(명) 위험
You can reduce the risk of heart disease.
당신은 심장병의 위험을 줄일 수 있다.

(유) danger 위험

scare
[skɛər]

(동) 겁주다   scared (형) 무서운, 겁먹은
The host didn't mean to scare them.
그 주인은 그들을 겁주려고 한 것은 아니었다.

(유) frighten
겁먹게 하다

foreigner
[fɔ́rənər]

(명) 외국인
Millions of foreigners visit Korea every year.
매년 수많은 외국인들이 한국을 방문한다.

(유) alien
외국인

up-to-date
[ʌptədeit]

(형) ① 최신의 ② 첨단의
She was reading an up-to-date magazine.
그녀는 최신 잡지를 읽고 있었다.

(유) latest 최신의

Exercise

A 주어진 단어의 뜻을 영어는 우리말로, 우리말은 영어로 쓰세요.

1 anywhere _____

2 humankind _____

3 bury _____

4 scare _____

5 foreigner _____

6 직업의, 전문적인 _____

7 토론, 논쟁 _____

8 시도하다, 시도 _____

9 가장 적은, 가장 적게 _____

10 서명, 사인 _____

B 알맞은 단어를 넣어 주어진 어구를 완성하세요.

1 live in _____ 가난한 생활을 하다

2 sail toward the _____ 수평선을 향해 항해하다

3 take a(n) _____ 위험을 감수하다

4 _____ information 최신 정보

5 a(n) _____ hero 국가의 영웅

6 above _____ 평균 이상

7 _____ a child 아이를 구조하다

8 a shiny _____ 빛나는 표면

9 write a 500-word _____ 500자 길이의 글을 쓰다

10 _____ corn 옥수수를 수입하다

C 알맞은 단어를 골라 문장을 완성하세요.

1 We need your (signature / poverty) on the form.

양식에 서명이 필요합니다.

2 My grandfather is (buried / scared) in the church yard.

우리 할아버지는 교회 공동묘지에 묻혀 있다.

3 She passed her driving test on the first (attempt / risk).

그녀는 운전면허 시험을 첫 시도에 통과했다.

4 What topics will be under (horizon / debate)?

어떤 주제가 토론될 것입니까?

5 My aunt is a (professional / national) photographer.

우리 이모는 전문 사진작가이다.

정답 p.126 ➡

A 주어진 단어와 알맞은 뜻을 찾아 연결하세요.

1 broadcast ·	· 장비, 용품	6 peaceful · · 구체적인
2 current ·	· 명성, 명예	7 opportunity · · 가난, 빈곤
3 conquer ·	· 현재의	8 poverty · · 구출하다
4 fame ·	· 정복하다	9 rescue · · 기회
5 equipment ·	· 방송하다	10 specific · · 평화로운

B 단어의 관계에 맞게 빈칸을 채우세요.

1 argue : _____ = deceive : deception

2 _____ : hungry = nation : national

3 proof : prove = signature : _____

4 awful : terrible = ordinary : _____

5 refuse : decline = react : _____

6 _____ : chance = risk : danger

7 allow : _____ = pollute : contaminate

8 apart : together = forward : _____

9 import : _____ = loss : gain

10 paper : _____ = growth : progress

C 알맞은 단어를 넣어 문장을 완성하세요.

1 I practiced the dance moves _____ of times. 나는 그 춤 동작을 무수히 연습했다.

2 He works at the _____ Museum of Fine Arts. 그는 왕립 미술관에서 일한다.

3 Each _____ has different fingerprints. 개개인마다 지문이 다르다.

4 Don't _____ me. I'm not blaming you. 내 말 오해하지 마. 네 탓을 하는 게 아니야.

5 The scientific discovery will benefit all _____. 그 과학적 발견은 인류 전체에 이익이 될 것이다.

정답 p.126 ➡

Vocabulary Plus

☐ **after all** 결국, 어쨌든
Roger bought a new car **after all**.
로저는 결국 새 차를 샀다.

☐ **all day (long)** 온종일
I want to sleep **all day (long)**.
나는 온종일 잠을 자고 싶다.

☐ **all the time** 언제나, 항상
Ella carries her big bag **all the time**.
엘라는 항상 그녀의 큰 가방을 가지고 다닌다.

☐ **at last** 마침내, 드디어
We won the game **at last**.
우리는 마침내 게임에서 이겼다.

☐ **at least** 적어도
We should check in **at least** two hours before departure time.
우리는 늦어도 출발 두 시간 전에는 탑승 수속을 해야 한다.

☐ **between A and B** A와 B의 사이에
There is a bank **between** the café **and** the hospital.
카페와 병원 사이에 은행이 있다.

☐ **in front of** ~의 앞에
Ariel sang **in front of** people.
아리엘은 사람들 앞에서 노래를 불렀다.

☐ **in the future** 장차, 미래에
Gavin wants to be a movie director **in the future**.
개빈은 장차 영화감독이 되고 싶다.

☐ **one after another** 하나씩 차례로
The meeting participants arrived **one after another**.
회의 참여자들은 한 명씩 차례로 도착했다.

☐ **A as well as B** B 뿐만 아니라 A도
Liam is an English teacher **as well as** a writer.
리암은 작가일 뿐만 아니라 영어 선생님이기도 하다.

✏️ Check-up Test

1 Sienna watched TV _____ _____ _____ yesterday.
시에나는 어제 온종일 TV를 보았다.

2 Mr. Miller got promoted _____ _____.
밀러 씨는 마침내 승진했다.

3 I clean my room _____ _____ once a week.
나는 적어도 일주일에 한 번은 방을 청소한다.

4 This is a secret _____ Helen _____ me.
이것은 헬렌과 나 사이의 비밀이다.

5 Betty is smart _____ _____ _____ beautiful.
베티는 아름다울 뿐만 아니라 똑똑하다.

정답 p.126 ➡

Answers

Answers 정답

Chapter 01

Day 01 Exercise
p.12

A

1 독특한, 특이한　2 승객, 탑승객
3 선택, 선택권　4 알리다, 통지하다
5 맛, 풍미　6 aim
7 beauty　8 compare
9 gather　10 regret

B

1 brilliant　2 damage
3 educate　4 handle
5 major　6 promise
7 anniversary　8 skip
9 successful　10 control

C

1 compared　2 flavor
3 damage　4 passengers
5 regret

Day 02 Exercise
p.15

A

1 손목　2 연구실, 실험실
3 치료하다, 치유되다　4 익숙한, 친숙한
5 영향, 결과, 효과　6 attach
7 ban　8 career
9 congratulation　10 register

B

1 support　2 powerful
3 necessary　4 maintain
5 image　6 gun
7 extra　8 danger
9 award　10 angle

C

1 banned　2 Congratulations
3 familiar　4 laboratory
5 attach

Day 03 Exercise
p.18

A

1 얻다, 획득하다　2 노력, 수고
3 파다, 발굴하다　4 죽음, 사망

5 조화, 균형　6 position
7 manage　8 chapter
9 available　10 audience

B

1 cell　2 dizzy
3 fear　4 highly
5 link　6 native
7 object　8 rope
9 search　10 vote

C

1 available　2 chapter
3 gain　4 balance
5 digging

Day 04 Exercise
p.21

A

1 편안한, 안락한　2 선거하다, 선출하다, 선택하다
3 미술관, 화랑　4 증가하다, 늘리다, 증가, 증대
5 꾸러미, 소포　6 anger
7 attend　8 avoid
9 bargain　10 bold

B

1 condition　2 decide
3 earn　4 female
5 marriage　6 product
7 pure　8 symbol
9 target　10 volume

C

1 comfortable　2 anger
3 elected　4 galleries
5 avoid

Day 05 Exercise
p.24

A

1 긁다, 할퀴다, 긁힌 자국　2 생기다, 발생하다
3 녹다, 녹이다　4 항구, 항만
5 (새의) 깃털　6 academy
7 assignment　8 bathe
9 cancer　10 elbow

B

1 chew　2 gap
3 identify　4 lack

5 needle　　　　　6 pace
7 purpose　　　　8 request
9 transportation　10 waist
C
1 bathed　　　　2 melt
3 scratch　　　　4 occurred
5 harbor

Day 01~05 **Review Test**　　　　p.25

A
1 알리다　　　　　2 지지하다
3 인상, 모습　　　4 찾다, 조사하다
5 후회, 유감　　　6 세포
7 조건, 상태　　　8 생산물
9 목적, 목표　　　10 확인하다
B
1 flavor　　　　　2 gather
3 melt　　　　　4 harbor
5 damage　　　　6 extra
7 pace　　　　　8 necessity
9 dangerous　　　10 election
C
1 promise　　　　2 heal
3 effort　　　　　4 attend
5 assignment

Day 01~05 **Vocabulary Plus**　　　　p.26

Check-up Test
1 give, back　　　2 went, down
3 go, out　　　　4 call, back
5 hold, back

Chapter 02

Day 06 **Exercise**　　　　p.30

A
1 심하게, 나쁘게　　　2 돈을 걸다, 단언하다
3 포함하다, 함유하다　4 알맞은, 건강한, 적합하다
5 키, 높이, 절정, 정점　6 delivery

7 messenger　　　8 patient
9 quality　　　　10 tube
B
1 southern　　　　2 root
3 positive　　　　4 nest
5 liquid　　　　　6 encourage
7 depth　　　　　8 concern
9 cape　　　　　10 advertise
C
1 badly　　　　　2 height
3 includes　　　　4 bet
5 patient

Day 07 **Exercise**　　　　p.33

A
1 짜증나게 하다　　　　2 부주의한, 조심성 없는
3 의지하다, ~에 달려 있다　4 편집하다, 교정하다
5 턱　　　　　　　　　6 provide
7 rail　　　　　　　　8 recently
9 sink　　　　　　　10 yell
B
1 absolute　　　　2 belief
3 economy　　　　4 impression
5 local　　　　　6 media
7 perform　　　　8 technical
9 vision　　　　　10 zone
C
1 annoying　　　　2 jaws
3 provides　　　　4 sank
5 edited

Day 08 **Exercise**　　　　p.36

A
1 무기, 병기　　　　2 감각, 느낌, 의미
3 (대학의) 교수　　　4 쌓다, 축적하다, 더미
5 요즈음, 최근에　　6 label
7 describe　　　　8 charge
9 benefit　　　　　10 accept
B
1 complain　　　　2 elder
3 energetic　　　　4 fence
5 globe　　　　　6 male

7 network **8** offer

9 rate **10** tight

C

1 professor **2** describe

3 accept **4** lately

5 sense

A

1 짐승, 야수 **2** 효과적인, 효력 있는

3 신, 창조주 **4** 산업, 공업

5 보석 **6** truth

7 rapid **8** pause

9 overcome **10** cabinet

B

1 account **2** destroy

3 chase **4** failure

5 harmony **6** master

7 nearly **8** publish

9 sample **10** wedding

C

1 gods **2** truth

3 effective **4** pause

5 overcame

A

1 가치, 중요성 **2** 조용한, 무언의, 과묵한

3 양, 수량 **4** 단체, 조직

5 견과 **6** accomplish

7 actual **8** bean

9 certain **10** hell

B

1 battery **2** cast

3 develop **4** electronic

5 firm **6** knowledge

7 ladder **8** mental

9 parcel **10** semester

C

1 organization **2** hell

3 actual **4** accomplished

5 silent

A

1 관심, 걱정 **2** 편집하다

3 라벨, 상표 **4** 깊이

5 짜증나게 하다 **6** 감각, 느낌

7 짐승, 야수 **8** 극복하다

9 양, 수량 **10** 가치, 중요성

B

1 achieve **2** annoy

3 nearly **4** complain

5 failure **6** sink

7 encourage **8** careless

9 development **10** believe

C

1 quality **2** yell

3 weapon **4** industry

5 develop

Check-up Test

1 put, off **2** Take, off

3 get, on **4** called, off

5 drops, off

Chapter 03

A

1 성취하다, 달성하다 **2** 독특한, 특성, 특질

3 부정하다, 부인하다 **4** 당황하게 하다

5 특히 **6** grateful

7 leadership **8** mayor

9 require **10** select

B

1 flat **2** Iron

3 edge **4** climate

5 population **6** operate

7 galaxy **8** bind

9 entertainment **10** total

C

1 achieved   2 denying

3 grateful   4 leadership

5 requires

Day 12 Exercise   p.51

A

1 그림자, 그늘   2 독, 독약

3 상인, 무역상   4 불꽃, 화염

5 적, 원수   6 width

7 confuse   8 disappoint

9 genius   10 journal

B

1 hire   2 laundry

3 emperor   4 handshake

5 adapt   6 cycle

7 Northern   8 theory

9 prevent   10 smooth

C

1 confused   2 disappointing

3 enemy   4 genius

5 poison

Day 13 Exercise   p.54

A

1 방석, 쿠션   2 전시하다, 표현하다

3 제한, 범위, 한정하다   4 칭찬하다, 칭찬

5 자부심, 자존심, 자랑   6 highlight

7 loyal   8 mask

9 reward   10 wheat

B

1 wooden   2 percent

3 microscope   4 measure

5 favor   6 ankles

7 employ   8 consider

9 blame   10 active

C

1 highlighted   2 limit

3 praised   4 rewarded

5 displayed

Day 14 Exercise   p.57

A

1 이점, 우위, 이익   2 조수, 보조자

3 고객, 의뢰인   4 요정

5 영광, 영예   6 influence

7 lay   8 recognize

9 rise   10 stripe

B

1 contact   2 decision

3 emergency   4 flash

5 muscle   6 observe

7 policy   8 scene

9 entire   10 border

C

1 client   2 assistant

3 fairy   4 influence

5 recognize

Day 15 Exercise   p.60

A

1 비슷한, 유사한   2 책임, 의무

3 길, 경로   4 엉망, 혼란

5 가축   6 blend

7 bomb   8 cheat

9 entrance   10 flow

B

1 adjust   2 custom

3 distance   4 faith

5 human   6 jealous

7 politics   8 proper

9 situation   10 wisdom

C

1 bombs   2 entrance

3 responsibilities   4 similar

5 mess

Day 11~15 Review Test   p.61

A

1 묶다   2 황제

3 기후, 날씨   4 측정하다

5 예방하다   6 목재의

7 결정   8 관습, 습관

9 관찰하다   10 인간

B

1 rough   2 adjust
3 grateful   4 prize
5 flow   6 entire
7 achieve   8 jealous
9 entertainment   10 fairy

C

1 embarrass   2 theory
3 pride   4 lay
5 blend

Day 11~15 **Vocabulary Plus**   p.62

Check-up Test

1 brought, up   2 cleaned, up
3 pick, up   4 moved, in
5 join, in

Chapter 04

Day 16 **Exercise**   p.66

A

1 영향을 주다   2 사막, 버리다
3 관대한, 후한   4 길이, 기간
5 줄이다, 축소하다   6 mission
7 riddle   8 rotate
9 survey   10 while

B

1 plenty   2 postpone
3 beard   4 court
5 issue   6 leader
7 Empire   8 exact
9 fold   10 generation

C

1 generous   2 reduce
3 mission   4 rotates
5 length

Day 17 **Exercise**   p.69

A

1 더 나쁜, 더 심한   2 끈, 줄, 일련
3 비서, 장관   4 정반대의, 맞은편의
5 존재하다   6 honor
7 envy   8 countryside
9 beverage   10 belong

B

1 alcohol   2 deal
3 drug   4 formal
5 interested   6 mechanic
7 normal   8 pollution
9 program   10 punish

C

1 belongs   2 countryside
3 envied   4 opposite
5 secretary

Day 18 **Exercise**   p.72

A

1 틀, 액자, 뼈대   2 층, 겹, 막
3 여가, 한가한 시간   4 허가, 허락
5 반응, 반작용, 반발   6 beg
7 reflect   8 strip
9 theme   10 rival

B

1 error   2 fare
3 pitch   4 minor
5 instrument   6 adopt
7 charity   8 detail
9 disaster   10 elevator

C

1 layer   2 reaction
3 permission   4 begging
5 leisure

Day 19 **Exercise**   p.75

A

1 확신하는, 자신 있는   2 장식(물), 훈장, 메달
3 사라지다, 없어지다   4 용서하다
5 성, 성별   6 tiny
7 suitcase   8 soul
9 afford   10 hardly

B

1 salary   **2** locate
3 basis   **4** breath
5 cotton   **6** earthquake
7 equal   **8** membership
9 obey   **10** ruin

C

1 afford   **2** forgive
3 hardly   **4** suitcase
5 decorations

Day 20 Exercise   p.78

A

1 가장 나쁜, 최악의   **2** 저장, 보관
3 괴물   **4** 방법, 방식
5 정말로, 사실은   **6** slide
7 notice   **8** beak
9 awake   **10** backward

B

1 admire   **2** create
3 difficulty   **4** escape
5 fortune   **6** intelligence
7 memorize   **8** military
9 physical   **10** result

C

1 awoke   **2** slide
3 backward   **4** notice
5 beak

Day 16~20 Review Test   p.79

A

1 세대   **2** 자선
3 접다   **4** 보통의, 정상적인
5 정비사   **6** 기구, 도구
7 숨, 호흡   **8** 위치를 찾아내다
9 지능, 정보   **10** 어려움, 곤란

B

1 postpone   **2** reduce
3 beverage   **4** create
5 disobey   **6** asleep
7 physical   **8** pollution
9 decorate   **10** punish

C

1 while   **2** honor
3 theme   **4** confident
5 worse

Day 16~20 Vocabulary Plus   p.80

Check-up Test

1 faded, away   **2** gave, away
3 eat, out   **4** put, out
5 Put, away

Chapter 05

Day 21 Exercise   p.84

A

1 맛있는   **2** 되찾다, 회복하다
3 사적인, 민간의   **4** 오두막
5 논의, 상의   **6** amount
7 analyze   **8** behavior
9 element   **10** sculpture

B

1 asleep   **2** brief
3 courage   **4** examined
5 expenses   **6** source
7 freedom   **8** spare
9 goods   **10** pose

C

1 behavior   **2** private
3 sculpture   **4** tasty
5 amount

Day 22 Exercise   p.87

A

1 놀라게 하다   **2** 조금, 약간, 조각
3 ~을 제외하고   **4** 강의, 강연
5 과학적인   **6** whisper
7 unlike   **8** sum
9 someday   **10** principal

B

1 aloud	2 ashamed
3 crack	4 explore
5 freeze	6 horror
7 mood	8 negative
9 remove	10 rinse

C

1 except	2 lecture
3 principal	4 sum
5 bit	

Day 23 Exercise p.90

A

1 야망, 포부	2 벽돌
3 특징, 특성	4 겁먹게 하다
5 행복, 만족	6 appear
7 intend	8 pleasant
9 suppose	10 miracle

B

1 motion	2 practical
3 recycle	4 Revolution
5 volunteer	6 dead
7 creature	8 dirt
9 exchange	10 junk

C

1 appears	2 Happiness
3 pleasant	4 frightened
5 features	

Day 24 Exercise p.93

A

1 대리점, 기관	2 곡선, 커브, 구부리다
3 예상하다, 기대하다	4 가죽, 피혁
5 기원, 근원	6 terrific
7 sight	8 resource
9 quickly	10 disgust

B

1 announce	2 arrow
3 continent	4 crash
5 strengths	6 frequent
7 grave	8 lungs
9 pretend	10 reality

C

1 curve	2 disgust
3 expected	4 leather
5 terrific	

Day 25 Exercise p.96

A

1 사과, 사죄	2 양동이, 들통
3 장례(식)	4 뿔, (차량의) 경적
5 광물, 미네랄, 무기질	6 thrill
7 strap	8 spirit
9 seldom	10 particular

B

1 attention	2 compete
3 credit	4 divide
5 expert	6 license
7 solution	8 reservation
9 refund	10 public

C

1 apology	2 funeral
3 horn	4 seldom
5 spirits	

Day 21~25 Review Test p.97

A

1 간결한	2 부끄러운
3 죽은	4 제거하다
5 상품, 물건	6 지원자
7 대륙	8 나누다
9 환불	10 ~인 체하다

B

1 cabin	2 trash
3 exchange	4 element
5 expect	6 dead
7 privacy	8 horror
9 quickly	10 competition

C

1 analyzed	2 whispered
3 ambitions	4 resources
5 particular	

Chapter 06

Day 26　Exercise　p.102

A

1 조　2 아마도, 대개는
3 통나무　4 색인, 지수, 지표
5 가구　6 doubt
7 curl　8 awful
9 argue　10 ahead

B

1 broadcast　2 colorful
3 grab　4 document
5 equipment　6 experiment
7 soil　8 rush
9 stretch　10 worth

C

1 ahead　2 awful
3 doubt　4 probably
5 furniture

Day 27　Exercise　p.105

A

1 허락하다, 허용하다　2 떨어져, 개별적으로
3 앞으로, 앞쪽의　4 갈고리, 낚싯바늘
5 증가하다, 곱하다　6 propose
7 royal　8 selfish
9 strict　10 twinkle

B

1 alien　2 precious
3 current　4 deceive
5 dust　6 exit
7 fame　8 load
9 pollute　10 speed

C

1 allowed　2 twinkled
3 forward　4 proposed
5 multiply

Day 28　Exercise　p.108

A

1 승리　2 진흙, 진창
3 개인적인, 개인　4 모든 곳에, 어디나
5 향수, 향기　6 ash
7 although　8 process
9 within　10 term

B

1 conquer　2 apply
3 underground　4 instant
5 loaf　6 peaceful
7 respond　8 loss
9 film　10 hunger

C

1 perfume　2 everywhere
3 mud　4 triumph
5 ashes

Day 29　Exercise　p.111

A

1 신전, 사원, 절　2 문지르다, 비비다
3 설명하다　4 직장, 일터
5 실　6 misunderstand
7 pleased　8 joint
9 cupboard　10 minister

B

1 opportunity　2 refuse
3 specific　4 prove
5 ancient　6 attitude
7 deaf　8 growth
9 alive　10 pray

C

1 rubbed　2 cupboard
3 explain　4 joint
5 temple

Day **30** Exercise
p.114

A

1 어디든지, 아무 데나   2 인류, 인간
3 묻다, 매장하다   4 겁주다
5 외국인   6 professional
7 debate   8 attempt
9 least   10 signature

B

1 poverty   2 horizon
3 risk   4 up-to-date
5 national   6 average
7 rescue   8 surface
9 essay   10 import

C

1 signature   2 buried
3 attempt   4 debate
5 professional

Day **26~30** Review Test
p.115

A

1 방송하다   2 현재의
3 정복하다   4 명성, 명예
5 장비, 용품   6 평화로운
7 기회   8 가난, 빈곤
9 구출하다   10 구체적인

B

1 argument   2 hunger
3 sign   4 average
5 respond   6 opportunity
7 permit   8 backward
9 export   10 document

C

1 trillions   2 Royal
3 individual   4 misunderstand
5 humankind

Day **26~30** Vocabulary Plus
p.116

Check-up Test

1 all, day, long   2 at, last
3 at, least   4 between, and
5 as, well, as

Index

Index

이것이 THIS IS 시리즈다!

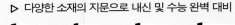

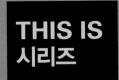

LEVEL CHART

	초1	초2	초3	초4	초5	초6	중1	중2	중3	고1	고2	고3

VOCA

- 초등필수 영단어 1-2 · 3-4 · 5-6학년용 (초1~초3)
- WORD PASS (중1~고3)
- The VOCA + (플러스) 1~7 (초5~중1)
- THIS IS VOCABULARY 입문 · 초급 · 중급 (초3~중1)
- THIS IS VOCABULARY 고급 · 어원 · 수능 완성 · 뉴텝스 (중3~고3)
- WORD FOCUS 중등 종합 5000 · 고등 필수 5000 · 고등 종합 9500 (중1~고3)

Grammar

- 초등필수 영문법 + 쓰기 1~2 (초3)
- OK Grammar 1~4 (초3)
- This Is Grammar Starter 1~3 (초3)
- This Is Grammar 초급~고급 (각 2권: 총 6권) (초5~고1)
- Grammar 공감 1~3 (중1~고1)
- Grammar 101 1~3 (중1~고1)
- Grammar Bridge 1~3 (NEW EDITION) (중1~고1)
- The Grammar Starter, 1~3 (초6~고1)
- 한 권으로 끝내는 필수 구문 1000제 (중1~고1)
- 구사일생 (구문독해 Basic) 1~2 (중2~고1)
- 구문독해 204 1~2 (개정판) (중3~고1)
- 고난도 구문독해 500 (고1)
- 그래머 캡처 1~2 (중2~고1)
- [특급 단기 특강] 어법어휘 모의고사 (중3~고1)

	초1	초2	초3	초4	초5	초6	중1	중2	중3	고1	고2	고3
Writing					공감 영문법+쓰기 1~2							
						도전만점 중등내신 서술형 1~4						
				영어일기 영작패턴 1-A, B · 2-A, B								
				Smart Writing 1~2								
Reading					Reading 101 1~3							
					Reading 공감 1~3							
					This Is Reading Starter 1~3							
						This Is Reading 전면 개정판 1~4						
						원서 술술 읽는 Smart Reading Basic 1~2						
									원서 술술 읽는 Smart Reading 1~2			
									[특급 단기 특강] 구문독해 · 독해유형			
										[앱솔루트 수능대비 영어독해 기출분석] 2019~2021학년도		
Listening						Listening 공감 1~3						
					The Listening 1~4							
						넥서스 중학 영어듣기 모의고사 25회 1~3						
						도전! 만점 중학 영어듣기 모의고사 1~3						
									만점 적중 수능 듣기 모의고사 20회 · 35회			
TEPS						NEW TEPS 입문편 실전 250⁺ 청해 · 문법 · 독해						
							NEW TEPS 기본편 실전 300⁺ 청해 · 문법 · 독해					
								NEW TEPS 실력편 실전 400⁺ 청해 · 문법 · 독해				
									NEW TEPS 마스터편 실전 500⁺ 청해 · 문법 · 독해			

새 교과서 반영 공감 시리즈

Grammar 공감 시리즈
▶ 2,000여 개 이상의 충분한 문제 풀이를 통한 문법 감각 향상
▶ 서술형 평가 코너 수록 및 서술형 대비 워크북 제공

Reading 공감 시리즈
▶ 어휘, 문장 쓰기 실력을 향상시킬 수 있는 서술형 대비 워크북 제공
▶ 창의, 나눔, 사회, 문화, 건강, 과학, 심리, 음식, 직업 등의 다양한 주제

Listening 공감 시리즈
▶ 최근 5년간 시 · 도 교육청 듣기능력평가 출제 경향 완벽 분석 반영
▶ 실전모의고사 20회 + 기출모의고사 2회로 구성된 총 22회 영어듣기 모의고사

• Listening, Reading – 무료 MP3 파일 다운로드 제공

강남인강
강의교재

The VOCA⁺ BULARY

완전
개정판

난이도	대상	특징
Level 1	예비중 ~ 중등 1	
Level 2	중등 1 ~ 중등 2	★ 학년별로 꼭 알아야 하는 교육부 권장 표제어 선별
Level 3	중등 2 ~ 중등 3	★ 문어발도 부럽지 않은 핵심 파생어 확장 어휘
Level 4	중등 3 ~ 고등 1	★ 학교 내신까지 확실하게 대비하는 유의어/반의어/참고 어휘
Level 5	고등 1 ~ 고등 2	★ 완벽한 마무리를 위한 어휘 3종 테스트
Level 6	고등 2 ~ 수험 대비	★ 생생한 단어 MP3 듣기용 QR 코드 제공
Level 7	수험 대비	

Test

MP3

온라인 어휘 테스트 학습 제공 www.nexusEDU.kr
MP3 음원 다운로드 www.nexusbook.com

단어 바로 듣기

값 7,000원
ISBN 978-89-98454-36-4
978-89-98454-33-3(SET)

54740

9 788998 454364

The VOCA⁺BULARY

PLUS

6

넥서스영어교육연구소 지음

교육부 권장 어휘 완벽 반영 + 학년별 심화 어휘

예비중부터 특목고·수능 대비까지 7단계 어휘 학습

완전
개정판

NEXUS Edu